Nigl, Hillebrand

Ernährung bei Gallensteinen

Klaus Nigl, Peter Hillebrand

Ernährung bei Gallensteinen

maudrich

Mit der Erscheinung dieses Buches haben wir **zusammen mit der Druckerei FINIDR** einen neuen Baum gepflanzt.
TREE ONE FOR TITLE

MIX
Papier aus verantwortungsvollen Quellen
FSC® C014138
FSC www.fsc.org

Bibliografische Information der Deutschen Nationalbibliothek
Die Deutsche Nationalbibliothek verzeichnet diese Publikation in der Deutschen Nationalbibliografie; detaillierte bibliografische Daten sind im Internet über http://dnb.dnb.de abrufbar.

6., vollständig überarbeitete Auflage 2024

Facultas Verlags- und Buchhandels AG, Wien, Österreich

Bildnachweis:
S. 6, 9, 11, 12, 13: Adobe Stock
S. 16, 18, 22, 25, 26, 28, 33, 38, 58, 60, 76, 78, 104, 110, 114: istockphoto
S. 20, 21, 42, 48, 52, 56, 66, 72, 80, 84, 90: Victoria Posch und Esther Karner, Wien
S. 32: KGKK

Lektorat: Sabine Schlüter, Wien
Satz: Florian Spielauer, Wien
Umschlagbild: Victoria Posch und Esther Karner, Wien
Covergestaltung: Florian Spielauer nach einem Entwurf von Jose Coll, studiob.a.c.k.
Druck: finidr
Printed in the EU
ISBN 978-3-99002-167-5
E-ISBN 978-3-99111-835-0

INHALTSVERZEICHNIS

VORWORT

Dieser Ratgeber soll Betroffenen und Interessierten einen Überblick über Möglichkeiten geben, wie das Risiko für die Entstehung von Gallensteinen gesenkt und wie bei bestehenden Gallensteinen das Risiko für Komplikationen und eine erneute Steinentstehung reduziert werden kann.

Man schätzt, dass zwischen 5 und 25 % der Bevölkerung Gallensteine haben. In den meisten Fällen bleiben Gallensteine unbemerkt und verursachen keine Probleme. Wenn Komplikationen auftreten, fragen sich Betroffene oft, wie sie mit der Ernährung auf das Fortschreiten der Erkrankung einwirken können. Ernährung spielt eine Rolle bei der Entstehung von Gallensteinen, daher kann man mit einer Veränderung des Ernährungsverhaltens aktiv in den eigenen Krankheitsverlauf eingreifen.

Das vorliegende Buch ist in drei Teile gegliedert: Im ersten Teil werden grundsätzliche Informationen zum Thema Galle, Gallenwege und Gallensteinentstehung vermittelt sowie allgemeine Risikofaktoren und mögliche Komplikationen beschrieben.

Im zweiten Teil werden die einzelnen Ernährungsfaktoren, die Einfluss auf Gallensteine haben, näher ausgeführt und mit vielen konkreten Tipps zur Umsetzung in den Alltag ergänzt. Die einzelnen Lebensmittelgruppen werden ausführlich besprochen und am Ende in einen Gesamtzusammenhang gebracht. So können Sie sich entweder mit einzelnen Gesichtspunkten genauer befassen oder auch die Ernährung im Großen und Ganzen betrachten. Weiters werden in diesem Teil auch Möglichkeiten zur Behandlung von Beschwerden, die bei Gallensteinen oder nach Entfernung der Gallenblase auftreten können, konkret besprochen und ebenfalls mit hilfreichen Anregungen ergänzt.

Der dritte Teil des Buches ist eine Rezeptsammlung mit über 100 verschiedenen Speisen zum Nachkochen und zur Inspiration. Im Rezeptteil wurde darauf Wert gelegt, eine vielseitige Auswahl an unterschiedlichen Gerichten zu beschreiben, um möglichst viele unterschiedliche Geschmäcker zu erreichen. Rezepte für kalte und warme Mahlzeiten, Frühstücksvarianten, Vorspeisen, Hauptspeisen, Nachspeisen und Snacks, Gerichte mit Fleisch und auch zahlreiche vegetarische Speisen bieten eine breite Palette an Möglichkeiten zur Umsetzung im Alltag.

Im Anhang des Buches finden Sie noch weiterführende Informationen und Adressen mit Anlaufstellen zur Vertiefung des Themas.

Wir wünschen Ihnen eine hilfreiche und spannende Lektüre und hoffen, dass die Informationen in diesem Buch dem Leser bzw. der Leserin Unterstützung bei einer Veränderung der Ernährungsgewohnheiten bieten können.

Klaus Nigl und Peter Hillebrand

Danksagung
Unser Dank gilt Frau Franziska Neumayr und Frau Melanie Darmann für ihre Unterstützung bei den Rezepturen.

TEIL 1
ALLGEMEINES ZU GALLE UND GALLENSTEINEN

Kurzer Überblick über die Verdauung

Als Verdauung wird die Aufnahme von Stoffen aus der Nahrung in den Körper bezeichnet. Dazu müssen Lebensmittel zerkleinert und die Inhaltsstoffe aus der Nahrung so aufgespalten werden, dass der Körper sie aufnehmen kann.

Der erste Schritt der Verdauung findet im Mund statt. Dort werden die Speisen grob zerkleinert, eingespeichelt und auf Körpertemperatur gebracht, erste Schritte der chemischen Verdauung durch bestimmte Enzyme im Speichel beginnen. Kleine Mengen Fett und Kohlenhydrate werden bereits aufgespalten. Außerdem werden durch die Wahrnehmung von Geschmack, Geruch und Textur Signale an das Gehirn gesendet, um den gesamten Magen-Darm-Trakt auf die weitere Verdauung vorzubereiten.

Nach dem Schlucken der Nahrung wird der zerkleinerte Speisebrei über die Speiseröhre in den Magen transportiert. Dort findet eine weitere Anpassung an die Körpertemperatur statt. Die Magensäure bewirkt eine Abtötung von Krankheitserregern in der Nahrung. Hier beginnt auch die Eiweißverdauung, indem durch Magensäure und spezielle Enzyme Eiweißbestandteile der Nahrung verändert und aufgespalten werden.

Verdauungsorgane

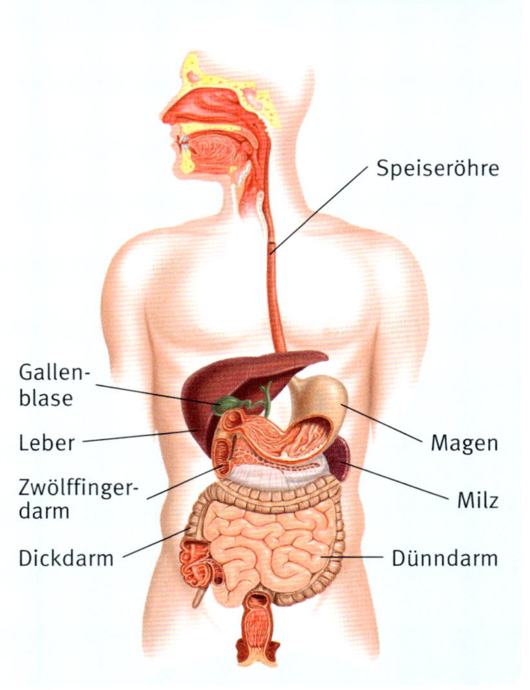

Nach dem Magen gelangt der Speisebrei in den Zwölffingerdarm. Dort werden Gallenflüssigkeit aus Leber und Gallenblase sowie Bauchspeichel aus der Bauchspeicheldrüse (Pankreas) in den Darm abgegeben. Der Bauchspeichel bewirkt die chemische Zerlegung der einzelnen Nährstoffe in die Einzelbestandteile. Kohlenhydrate werden in Zucker, Eiweiß in Aminosäuren und Fett in Fettsäuren zerlegt.

Der Großteil dieser Einzelbestandteile der Nahrung wird dann im nächsten Verdauungsabschnitt, im Dünndarm, aufgenommen.

Die Galle

Die Gallenflüssigkeit besteht zu ca. 80 % aus Wasser. Darin sind verschiedene Substanzen gelöst, unter anderem Salze, Cholesterin, Gallensalze und Verbindungen aus Zucker und Eiweiß (Glykoproteine), die für die Konsistenz der Flüssigkeit verantwortlich sind. Außerdem befinden sich in der Galle verschiedene Substanzen, die der Körper über die Gallenwege ausscheidet. Das wichtigste dieser Ausscheidungsprodukte ist Bilirubin, das für die gelbliche Färbung der Gallenflüssigkeit verantwortlich ist. Bilirubin ist ein Abbauprodukt des roten Blutfarbstoffes Hämoglobin. Pro Tag bildet der menschliche Körper circa 700 ml Gallenflüssigkeit.

Die Gallenflüssigkeit wird in der Leber von den Leberzellen (Hepatozyten) gebildet und dann in Gallenkanälchen abgegeben. Diese Kanälchen bilden innerhalb der Leber ein dichtes, verzweigtes Netz, das sich weiter und weiter zu größeren Kanälen zusammenschließt und schließlich in einem einzigen Gallenkanal, dem Leberweg, mündet. Von diesem zweigt ein weiterer Gallengang ab, der wiederum in die Gallenblase mündet. In dieser Sackgasse wird die Gallenflüssigkeit zwischengespeichert, bis auf das Zehnfache konzentriert und somit eingedickt.

Nach der Abzweigung zur Galle verläuft ein weiterer Gallengang Richtung Darm. Dort mündet er – gemeinsam mit dem Bauchspeicheldrüsengang – über einen kleinen Schließmuskel (die Vater'sche Papille bzw. die Zwölffingerdarmpapille) in den Zwölffingerdarm.

Gallenblase, Gallenwege und benachbarte Organe

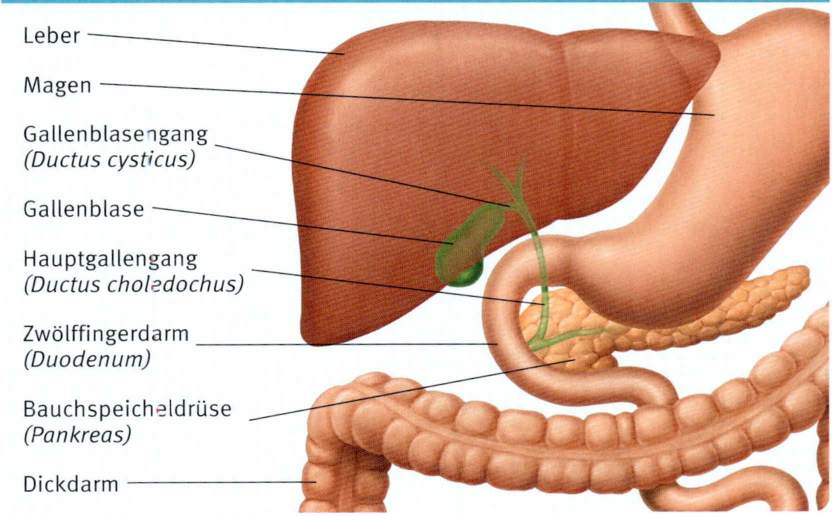

Aufgaben der Galle – Fettverdauung

Sobald Fett über die Nahrung aufgenommen wird und in den Dünndarm gelangt, wird dort das Hormon Cholecystokinin produziert und ins Blut abgegeben. Über den Blutkreislauf gelangt es zur Gallenblase und regt sie an, sich zusammenzuziehen. Auf diese Weise wird besonders viel konzentrierte Gallenflüssigkeit auf einmal in den Darm abgegeben.

Gallensäuren spielen eine wesentliche Rolle bei der Verdauung von Fett. Damit Fett aus der Nahrung in den Körper aufgenommen und dort über das Blut weitertransportiert werden kann, muss es wasserlöslich gemacht werden. Gallensäuren haben die Eigenschaft, mit dem Fett in der Nahrung Mizellen zu bilden. Mizellen sind kleine Fetttröpfchen, die von Gallensalzen umschlossen sind und somit wasserlöslich gemacht werden. Wenn Gallenflüssigkeit in den Darm abgegeben wird und sich dort Fett befindet, zerkleinern Gallensalze somit das vorhandene Fett in kleine Tröpfchen, die dann vom Dünndarm aufgenommen werden können.

Die Fettverdauung findet entlang des gesamten Dünndarms statt. Am Ende des Dünndarms werden die Gallensalze wieder aufgenommen und über das Blut zurück zur Leber transportiert, wo sie wieder in die Gallenflüssigkeit abgegeben werden. Dies wird als „enterohepatischer Kreislauf" bezeichnet.

Weitere Aufgaben der Galle

Die Gallenflüssigkeit erfüllt im menschlichen Körper also mehrere Aufgaben. Einerseits spielt sie eine wichtige Rolle bei der Fettverdauung, andererseits werden über sie Substanzen ausgeschieden, die der Körper nicht mehr benötigt. Darüber hinaus spielen die Gallensalze in der Gallenflüssigkeit auch eine Rolle als hormonähnliche Signalstoffe. Sie sind an der Steuerung vielfältiger Abläufe in der Leber und im gesamten Stoffwechsel beteiligt. Außerdem gibt es eine Wechselwirkung der Gallensäuren mit dem Darmmikrobiom.

Lage von Gallensteinen

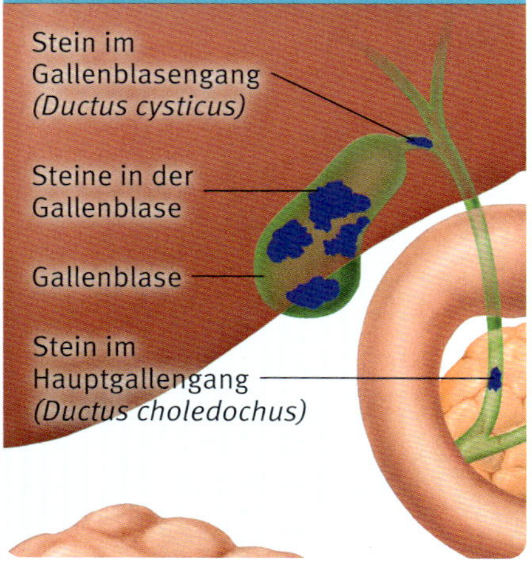

Gallensteine

Gallensteine können aus Cholesterin oder aus Bilirubin (Pigmentsteine) bestehen, aber auch aus Mischungen beider Stoffe. Am häufigsten sind Cholesterin-Pigment-Steine. Diese sind meistens eher klein und liegen dann mehrfach als sogenannter Gallensteingrieß vor, wohingegen reine Cholesterinsteine auch größer sein können. Cholesterinsteine entstehen besonders dann, wenn der Anteil an Cholesterin in der Gallenflüssigkeit eine bestimmte Konzentration übersteigt. Das Cholesterin kristallisiert dann aus und verklumpt.

In der Regel bleiben Gallensteine unbemerkt und machen keine Probleme. Bei ungefähr jeder vierten Person mit Gallensteinen kann es aber zu Komplikationen kommen, insbesondere wenn Steine in den Gallenwegen entstehen oder dorthin abgehen. Ein Vorhandensein von Gallensteinen wird in der Medizin als Cholelithiasis bezeichnet.

Risikofaktoren

Wie bei sehr vielen Erkrankungen gibt es auch bei der Entstehung von Gallensteinen eine erbliche Veranlagung. Mittlerweile ist eine Genvariante bekannt, die das Risiko für Gallensteine stark erhöht. Ungefähr 10 % aller Europäerinnen und Europäer tragen diese Genvariante in den Erbanlagen. Bei Betroffenen treten im Laufe des Lebens 2- bis 3-mal häufiger Gallensteine auf als bei anderen Menschen. Wenn bei Blutsverwandten Gallensteine bekannt sind, besteht also ein erhöhtes Risiko, selbst einen Gallenstein zu entwickeln.

Auch Hormone spielen bei der Entstehung von Gallensteinen eine Rolle. Besonders Frauen über 40, die mehrere Kinder geboren haben, neigen eher zu Gallensteinen als Männer. Darüber hinaus kommt es während der Schwangerschaft und unter einer Hormontherapie mit Östrogenen zum vermehrten Auftreten von Gallensteinen.

Zusammenfassend haben folgende Personengruppen ein erhöhtes Risiko für die Entstehung von Gallensteinen:

- Stark übergewichtige Personen
- Personen, deren Verwandte bereits Probleme mit Gallensteinen hatten
- Menschen, die in kurzer Zeit besonders viel abgenommen haben
- Personen, die Östrogenpräparate einnehmen
- Schwangere
- Personen, die viel Fett, Fast Food, Süßigkeiten und Fleisch essen

Komplikationen von Gallensteinen

Eine Verstopfung der Gallengänge fördert das Bakterienwachstum und kann auf diese Weise leichter zu einer Infektion führen. Je nachdem, welcher Teil des Gallensystems von der Infektion betroffen ist, spricht man dann von einer Cholezystitis (Entzündung der Gallenblase) oder einer Cholangitis (Entzündung der Gallenwege). Bemerkbar macht sich eine Entzündung oft durch heftige, krampfartige Schmerzen („Gallenkolik“), insbesondere im rechten Oberbauch. Eine Entzündung im Gallensystem kann zudem Fieber, Schüttelfrost und Übelkeit verursachen. Durch den ungenügenden Abfluss von Galle über die Gallenwege kann es zu einem Rückstau von Bilirubin ins Blut kommen. Dieses reichert sich dann in der Haut an und führt dort zu einer Gelbfärbung. Diese Gelbsucht (Ikterus) kann unangenehmen Juckreiz auslösen.

Behandlung von Gallensteinen

In leichten Fällen werden Beschwerden bei Gallensteinen zumindest vorübergehend mit Schmerzmitteln behandelt. In schwereren Fällen wird in der Regel ein Eingriff vorgenommen. Je nachdem, wo sich die Gallensteine befinden, wie stark die Komplikationen und Risiken sind und wie sich die Anatomie der Gallenblase und der Gallenwege gestaltet, kann z. B. die Gallenblase operativ entfernt werden. Dies geschieht in der Regel minimal-invasiv, also ohne großen Bauchschnitt, sondern mittels kleiner Schnitte in die Bauchdecke unter Vollnarkose.

Befinden sich Steine in den Gallenwegen, werden diese so gut wie immer entfernt. Dies geschieht in erster Linie durch eine endoskopisch-retrograde Cholangiopankreatikographie (ERCP). Dabei wird – meist ambulant – im Dämmerschlaf eine Sonde über den Mund und den Magen in den Zwölffingerdarm an die Vater'sche Papille (Zwölffingerdarmpapille) gebracht. Danach wird ein Kontrastmittel in die Gallengänge eingespritzt, geröntgt und bei Bedarf die Spitze der Sonde in die Gallengänge eingeführt. Mit kleinen Werkzeugen am Ende der Sonde kann ein Gallenstein dann entfernt werden.

TEIL 2
ERNÄHRUNG BEI GALLENSTEINEN

Essen und Trinken hat einen wesentlichen Einfluss auf die Entstehung von Gallensteinen. Man schätzt, dass ca. 70–80 % der Steinbildung durch Umwelteinflüsse verursacht wird.

Günstiger Einfluss
Gemüse
Obst
Nüsse
Milchprodukte
Moderater Alkoholkonsum
Kaffee
Tee

Ungünstiger Einfluss
Fast Food
Fett
Fleisch
Süßigkeiten
Zucker

Günstiger Einfluss
Ballaststoffe
Calcium
Magnesium
Omega-3-Fettsäuren
Ungesättigte Fettsäuren
Pflanzliches Protein
Vitamin C
Vitamin E

Ungünstiger Einfluss
gesättigte Fettsäuren
Transfette
schnell resorbierbare Kohlenhydrate

In den folgenden Kapiteln wird auf die einzelnen Lebensmittelgruppen bzw. Nährstoffe näher eingegangen.

Ballaststoffe

Ballaststoffe können Gallensäuren binden, sodass sie am Ende des Dünndarms nicht mehr wieder-aufgenommen werden. Der Körper muss die Gallensäuren dann neu herstellen. Das Ausgangsprodukt für neue Gallensäuren ist Cholesterin. Dieser Mechanismus ist u. a. dafür verantwortlich, dass Ballaststoffe den Cholesteringehalt im Blut senken können. Durch die Neubildung von Gallenflüssigkeit wird auch der gesamte enterohepatische Kreislauf angeregt.

Die empfohlene Menge an Ballaststoffen pro Tag beträgt mindestens 30 Gramm.

In der folgenden Tabelle finden Sie ballaststoffreiche Lebensmittel in Portionen zu 5 Gramm.

Um die empfohlenen 30 Gramm pro Tag zu erreichen, benötigen Sie daher 6 Portionen pro Tag.

1 Portion Ballaststoffe = 5 Gramm	Haushaltsmenge
Vollkornbrot, Vollkornweckerl, ca. 60 g	1 Scheibe, 1 Stück
Knäckebrot, ca. 17 g	2 Scheiben
Vollkornmehl, ca. 40 g	4 Esslöffel
Vollkornreis, Vollkornnudeln, gekocht, ca. 100 g	mind. 6 gehäufte Esslöffel
Haferflocken, Müsli, 50 g	5 gehäufte Esslöffel
Obst, alle Sorten, 150 g	1 große (!) Handvoll
Getrocknetes Obst (Dörrpflaumen, getrocknete Marillen/Aprikosen), ca. 30 g	3–4 Stück
Blattgemüse (Spinat, Salat ...), ca. 150 g	1 große (!) Handvoll
Fruchtgemüse (Zucchini, Paradeiser/Tomaten ...), ca. 150 g	1 große (!) Handvoll
Paprika, Kohlgemüse, Kraut, getrocknete Paradeiser/Tomaten, ca. 100 g	1 Handvoll
Pilze	1 Handvoll

Artischocken, gekocht, ca. 50 g	2–3 Artischockenherzen
Schwarzwurzel, gekocht, ca. 30 g	1 gehäufter Esslöffel
Nüsse und Kerne, ca. 50 g	1 kleine Handvoll
Bohnen, Erbsen, Kichererbsen, gekocht, ca. 50 g	3–4 Esslöffel
Linsen, gekocht, ca. 100 g	1 Handvoll, 1 Schöpfer
Vollkornkeks	5–6 Stück
Flohsamen, ca. 8 g	1 Esslöffel
Leinsamen, Chiasamen, ca. 16 g	2½ Esslöffel
Flohsamenschalen, ca. 6 g	1 Esslöffel
Weizenkleie	1½ Esslöffel

Tipps, um den Ballaststoffgehalt in der Ernährung zu erhöhen

- Steigern Sie langsam: Wenn es Ihnen schwerfällt, mehr Ballaststoffe in Ihre Speisen einzubauen oder Sie den Geschmack nicht gewohnt sind, versuchen Sie die Menge *langsam* zu steigern. Ersetzen Sie zu Beginn Ihrer Umstellung nur die Hälfte der Nudeln, die Sie kochen, durch Vollkornnudeln. Wenn Sie Produkte mit gleicher Garzeit verwenden, kann man beide Nudelsorten sogar im gleichen Topf kochen.
- Ein anderes Beispiel: Wenn Sie Knödel (Klöße), Nockerln (Nocken) etc. aus purem Vollkornmehl nicht mögen, versuchen Sie auch hier nur einen Teil des Weißmehls durch Vollkornmehl zu ersetzen. Je mehr Vollkorn Sie verwenden können, desto besser – Sie bestimmen, wie weit Sie gehen!
- Nüsse und Samen übers Essen: Streuen Sie Nüsse und Samen über Ihre Salate, Suppen, Eintöpfe, Müsli etc. Versuchen Sie es z. B. mit Leinsamen, Sesam, Chiasamen, Mohn, Hanfsamen etc. Näheres zu Nüssen finden Sie im entsprechenden Kapitel.
- Besser fest als flüssig: Entscheiden Sie sich eher für Obst im Ganzen als für Obstsäfte. In ganzen Früchten ist der Ballaststoffgehalt in Form von Pflanzenfasern noch enthalten. Eine andere Möglichkeit sind Smoothies oder Obstmus, bei denen ebenfalls ganze Früchte verarbeitetet werden.
- Achten Sie auf das Wort „Vollkorn“: Bei Gebäck und Teigwaren erkennt man einen hohen Ballaststoffgehalt an der Produktbezeichnung oder anhand der Zutatenliste. Wenn Sie dort das Wort „Vollkorn“ finden, können Sie von einem höheren Ballaststoffgehalt im Lebensmittel ausgehen.
- Achtung: Produkte wie „Kornspitz“, „Mehrkornweckerl“, „Dinkelspitz“ etc. müssen nicht unbedingt aus Vollkornmehl hergestellt werden!

Obst und Gemüse

In zahlreichen Studien wurde gezeigt, dass eine hohe Zufuhr von Obst und Gemüse das Risiko für die Entstehung von Gallensteinen reduziert. Dabei gilt: Je mehr Gemüse und Obst in der empfohlenen Menge gegessen wird, desto besser. Die Deutsche Gesellschaft für Ernährung empfiehlt, täglich 5 Portionen Obst und Gemüse zu essen. Das entspricht ca. 400 Gramm Gemüse und ca. 250 Gramm Obst oder etwa 5 Handvoll. Zum Vergleich: Im Durchschnitt werden in Österreich nur etwa 2 Portionen Obst und Gemüse gegessen.

Zu dieser Gruppe an Lebensmitteln zählen: alle Obst- und Gemüsesorten (mit wenigen Ausnahmen) – einschließlich Pilze – in sämtlichen Handelsformen, also roh, gegart, als Salat, als Tiefkühlware, als Konserve, in Essig eingelegt, fermentiert usw.

Zu dieser Gruppe an Lebensmitteln zählen NICHT: Nüsse und Samen, stärkehaltige Gemüsesorten wie Kartoffeln, Mais und Süßkartoffeln, Fettfrüchte wie Oliven und Avocados und Hülsenfrüchte wie Bohnen, Linsen, Erbsen etc.

Tipps und Vorschläge

Nehmen Sie sich bei Ihrem nächsten Einkauf etwas mehr Zeit für die Obst- und Gemüseabteilung. Dort gibt es ein vielfältiges Angebot an verschiedenen Früchten und Gemüsesorten. Lassen Sie sich davon ansprechen und wählen Sie das, worauf Sie Gusto haben! Die folgende – sehr unvollständige – Liste soll Ihnen einen Überblick über erhältliche Obst- und Gemüsesorten geben. Von fast allen Obst- und Gemüsearten gibt es noch zahlreiche unterschiedliche Sorten. Haben Sie alle diese Sorten schon ausprobiert?

- Acerola
- Ananas
- Apfel
- Aronia
- Artischocke
- Aubergine (Melanzano)
- Austernpilze
- Banane
- Birne
- Blumenkohl (Karfiol)
- Boysenbeere
- Brokkoli
- Brombeere
- Chinakohl
- Dattel
- Drachenfrucht
- Erdbeere
- Eierschwammerl (Pfifferling)
- Feige
- Fenchel
- Fisolen (grüne Bohnen)
- Granatapfel
- Grapefruit
- Grünkohl
- Gurke
- Hagebutte
- Heidelbeere (Blaubeere)
- Himbeere
- Holunder
- Honigmelone
- Kaki
- Kaktusfeige
- Karfiol (Blumenkohl)
- Karotten (Möhren)
- Kirschen
- Kiwi
- Knollensellerie
- Kohlrübe (Kohlrabi)
- Kohlsprossen (Rosenkohl)
- Kopfsalat
- Kresse
- Kürbis
- Lauch (Porree)
- Limette
- Litschi
- Mangold
- Maracuja
- Marille (Aprikose)
- Maulbeere
- Melanzano (Aubergine)
- Mirabelle
- Nektarine
- Orange
- Papaya
- Paprika
- Paradeiser (Tomate)
- Pastinake
- Physalis
- Pfirsich
- Pflaume
- Pomelo
- Porree (Lauch)
- Portulak
- Preiselbeere
- Radieschen
- Rettich, schwarzer
- Rhabarber
- Rosenkohl (Kohlsprossen)
- Rote Beete
- Rotkraut (Rotkohl)
- Rucola
- Romana-Salat
- Schwarzwurzel
- Sharonfrucht
- Spargel
- Spinat
- Spitzkohl
- Stachelbeere
- Stangensellerie
- Steckrübe
- Steinpilz
- Sternfrucht
- Tomate (Paradeiser)
- Trauben
- Wassermelone
- Weißkraut (Weißkohl)
- Wirsing
- Zitrone
- Zucchino
- Zuckererbse

Obst und Gemüse zum Frühstück: Müsli und Frühstücksflocken können Sie wunderbar mit verschiedenen Obstsorten kombinieren. Ersetzen Sie das süße Marmeladebrot z. B. durch einen Vollkorntoast mit Topfen (Quark) und Bananenscheiben und ergänzen Sie das Käsebrot mit Apfel- oder Birnenscheiben. Zu Eierspeisen passen auch Gurken und Paprika.

Obst und Gemüse zum Mittagessen: Ergänzen Sie Ihre bisherigen Mahlzeiten durch Gemüse, Salat und Obst: ein Salat als Beilage oder als Vorspeise, eine Gemüsesuppe, eine Extraportion Gemüse, ein Stück Obst als Nach- oder Vorspeise. Erhöhen Sie den Gemüseanteil in Ihren Speisen, indem Sie Gemüse „hineinschmuggeln". Ihre gewohnten Rezepte müssen oft nur leicht verändert werden, damit sie gesünder sind: geraspelte Karotten (Möhren) und Zucchini in der Bolognese-Sauce, Paprikastücke im Gulasch, Spinat oder Bärlauch in den Semmelknödeln(-klößen), die Extraportion Champignons auf der Schinkenpizza.

Obst und Gemüse zwischendurch zur Jause: Wenn Sie Obst als Zwischenmahlzeit einbauen wollen, versuchen Sie, sich selbst daran zu erinnern. Stellen Sie zu Hause oder im Büro einen Obstkorb oder Obstteller in Sichtweite auf und füllen Sie ihn regelmäßig neu mit der Menge an Früchten, die Sie sich vornehmen. Manche Menschen naschen auch gerne Gemüse (Gurken, Paradeiser/Tomaten, Paprika ...) zwischendurch. Für bewusste Arbeitspausen kann man sich auch einen kleinen Fruchtsalat oder Obstteller zubereiten – das kostet etwas Zeit, macht die Mahlzeit dafür aber gleich attraktiver. So können Sie auch verschiedene Früchte verarbeiten, die sonst in Kürze überreif würden.

Obst und Gemüse zum Abendessen: Wenn Sie gerne ein warmes Abendessen haben, versuchen Sie öfter Suppen und Currys. Darin bringen Sie viel Gemüse unter. Und sie machen verhältnismäßig wenig Arbeit, erfordern wenig Kochkenntnisse – nur einen Topf, ein Schneidbrett, ein Messer und einen Kochlöffel. Würzen Sie nach Lust und Laune!

Essen Sie lieber kalt, bietet sich auch eine Salatschüssel als Hauptspeise an. Darin bringen Sie sogar Obst unter: Granatapfelkerne, Orangenspalten oder Apfelstücke bringen sehr interessante Aromen in Gemüsesalate. Bei belegten Broten erhöhen Sie den Gemüseanteil durch eingelegtes Gemüse.

Proteinreiche Lebensmittel – Fisch, Fleisch, Milchprodukte, Eier, pflanzliche Proteine

Proteinreiche Lebensmittel benötigt der menschliche Körper u. a., um die Muskelmasse zu erhalten und möglichst leistungsfähig und kräftig zu bleiben.

Im Hinblick auf Gallensteine ist es sinnvoll, Fleisch nach Möglichkeit durch andere eiweißreiche Lebensmittel zu ersetzen. In Studien wurde ein ungünstiger Zusammenhang zwischen einer hohen Fleischzufuhr und der Entstehung von Gallensteinen hergestellt. Milchprodukte, Fisch und pflanzliches Eiweiß aus Hülsenfrüchten scheinen eher Schutzfaktoren zu sein. Zwischen dem Verzehr von Eiern und dem Auftreten von Gallensteinen ist wissenschaftlich kein guter Zusammenhang belegt. Im Rahmen der gesunden Ernährung gibt es die Empfehlung, nicht mehr als 2 bis 3 Eier in der Woche zu verzehren. Diese Empfehlung ist aber nicht ganz unumstritten. Eier enthalten zwar viel Cholesterin, ob aber ein Zusammenhang mit der Entstehung von Cholesterinsteinen besteht, ist nicht zweifelsfrei belegt.

Tipps, um den Fleischkonsum zu reduzieren

- **Essen Sie öfter Fisch!**
  Essen Sie mindestens zweimal in der Woche Fisch, egal ob im Ganzen, als Filet, gebraten, in Folie, gedünstet oder gegrillt. Auch Fischkonserven sind eine Möglichkeit, um die wöchentliche Zufuhr zu erreichen bzw. zu erhöhen. Achten Sie bei in Öl eingelegtem Fisch darauf, dass es sich um Olivenöl oder Rapsöl handelt. Wenn Sie Ölkonserven nicht vertragen, können Sie auch auf in eigenem Saft eingelegte Fische oder auf Räucherfisch zurückgreifen.

  Besonders hohe Mengen der günstigen Omega-3-Fettsäuren enthält fetter Seefisch wie Lachs, Makrele, Sardine und Hering.

- **Essen Sie öfters Hülsenfrüchte!**
  Hülsenfrüchte sind eine ausgezeichnete Alternative zu Fleisch. Sie sind fettarm und haben einen hohen Anteil an Ballaststoffen. Besonders in Eintöpfen, Suppen und Laibchen kann man Fleisch problemlos ganz oder teilweise durch Bohnen ersetzten. Nach einer Gallenproblematik vertragen manche Menschen Hülsenfrüchte nicht so gut. Starten Sie deshalb mit kleinen Mengen! Beispielsweise mit 2 Esslöffeln gekochten roten Linsen in einem Beilagensalat oder mit 2 Esslöffeln gekochten Tellerlinsen in einer Suppe oder einem Eintopf. Wenn Sie Hülsenfrüchte selber kochen, schöpfen Sie den Schaum ab und verwenden Sie das Kochwasser nicht weiter. Kochen Sie die Hülsenfrüchte gut und lassen Sie sie im Kochwasser zugedeckt noch etwas nachziehen, bevor Sie sie in einem Sieb gründlich abspülen und weiterverwenden.
- **Essen Sie öfters Milchprodukte!**
  Im Rahmen der gesunden Ernährung werden täglich 3 Portionen mageres Milchprodukt empfohlen. Verwenden Sie Käse oder Topfenaufstriche (Quarkaufstriche) statt Wurst oder Schinken als Brotbelag. Joghurt, Topfencremen (Quarkcremen), Skyr, Buttermilch etc. eignen sich natur oder mit Obst oder Obstmus gesüßt ausgezeichnet als Zwischenmahlzeit oder Nachspeise. Hier können Sie je nach saisonalem Angebot und Verträglichkeit variieren. Wenn Sie frisches Obst nicht so gut vertragen, ist gedünstetes Obst oder Kompottobst eine gute Alternative!

Nüsse

Nüsse haben bei der Behandlung von Gallensteinen zwei große Vorteile: Sie enthalten viele Ballaststoffe und sie enthalten viele ungesättigte Fettsäuren. Somit haben Sie sowohl auf die Zusammensetzung der Gallenflüssigkeit als auch auf deren gesteigerte Neubildung einen Einfluss. Zudem sind Nüsse und Samen eine gute Quelle für den Mineralstoff Magnesium. Im Folgenden finden Sie eine (unvollständige) Liste mit Nüssen, die Sie in Ihren Speisen einsetzen können. Versuchen Sie, täglich zumindest 1 kleine Handvoll einzubauen:

Cashewkerne	Mandeln	Pistazien
Erdnüsse	Paranüsse	Sonnenblumenkerne
Haselnüsse	Pekannüsse	Walnüsse
Macadamianüsse	Pinienkerne	…

Anmerkungen

- Sonnenblumenkerne sind strenggenommen keine Nüsse, sondern Samen.
- Erdnüsse sind strenggenommen Hülsenfrüchte und keine Nüsse. Der Einfachheit halber werden sie in diesem Zusammenhang aber in die Gruppe der Nüsse aufgenommen.
- Die Kokosnuss hat im Hinblick auf die Fettzusammensetzung ein eher ungünstiges Fettsäuremuster mit einem hohen Anteil an gesättigten Fettsäuren.
- Bei den angeführten Nüssen und Samen sind auch Sorten dabei, die von weither importiert werden müssen. Im Sinne der regionalen Wertschöpfung sind Walnüsse, Haselnüsse, Sonnenblumenkerne, Leinsamen oder Hanfsamen eine gute Wahl!

Fettmenge

Fett insgesamt scheint ein Risikofaktor für die Entstehung von Gallensteinen zu sein. Gleichzeitig sollte man sich aber nicht fettfrei ernähren, um den Reiz zum Zusammenziehen der Gallenblase zu meiden. Insbesondere wenn Sie nach fetten Lebensmitteln Beschwerden bekommen, ist es jedoch sinnvoll, den Fettgehalt in der Ernährung zu reduzieren.

Fettsparende Zubereitungsmethoden

- **Kochen**
  Als Kochen bezeichnet man das Erhitzen von Lebensmittel bei 100 Grad Celsius. Das Kochgut wird dabei entweder ins kalte oder ins siedende Wasser eingelegt. Der Nachteil des Kochens ist, dass viele Inhaltsstoffe des Lebensmittels ausgelaugt werden und in das Kochwasser übergehen.
- **Dünsten**
  Beim Dünsten werden Speisen in wenig Wasser oder Flüssigkeit zugedeckt erhitzt, die Flüssigkeit, die sich ansammelt, stammt zudem auch aus dem Kochgut selbst. Bei dieser Kochmethode bleiben Vitamine und Mineralstoffe sehr gut erhalten.
- **Garen in der Mikrowelle**
  Mikrowellengaren ist ebenfalls eine sehr nährstoffschonende Zubereitungsart. Dabei wird das im Lebensmittel enthaltene Wasser durch Mikrowellenstrahlung erhitzt und daher gegart. Wenn man das Gerät sachgemäß bedient, besteht keinerlei Gefahr für die Gesundheit.
- **Garen im Dampf**
  Dies kann entweder in einem Topf mit Dämpfeinsatz auf dem Herd oder im Dampfgarer erfolgen. Auch Dämpfen ist eine sehr nährstoffschonende Art des Kochens. Um besonders viel Geschmack in den gedämpften Speisen zu erreichen, kann man die Dämpfflüssigkeit auch mit verschiedenen Gewürzen versetzen oder z. B. Suppe verwenden.
- **Garen in Aluminiumfolie, Bratfolie oder Backpapier im Backrohr**
  Vom Garprinzip entspricht diese Art des Kochens dem Dünsten. Dabei wird das Gargut locker in Folie oder Papier verpackt und dann im Rohr 15–20 Minuten erhitzt. Am besten legt man dazu das Gargut (Fisch, Gemüse, Fleisch) auf das Papier oder die Folie, überschlägt es und falzt dann die Ränder so um, dass eine kleine, gut verschlossene Tasche oder ein Paket entsteht.
- **Garen in Heißluft, Garen im Air Fryer**
  Dabei wird das Gargut unter hohen Temperaturen in trockener Luft gegart. Vorteil dieser Art des Kochens ist, dass die Speisen eine schöne goldbraune Farbe bekommen, die Kochzeit relativ kurz und die Handhabung relativ unkompliziert ist. Eine kleine Menge Fett ist bei dieser Methode aber in der Regel notwendig, damit das Gargut gleichmäßig bräunt. Geeignete Fettarten sind Pflanzenöle, am besten Oliven- oder Rapsöl. Allerdings sollte man hierbei darauf achten, keine kaltgepressten Öle zu verwenden, weil diese leicht verbrennen.

Weitere Tipps zum Fettsparen beim Kochen

- Verwenden Sie zum Abmessen der benötigten Menge an Fett einen Löffel. So haben Sie die Menge besser unter Kontrolle.
- Entfetten Sie Suppen und Saucen, indem Sie die Speisen erkalten lassen und das Fett dann mit einem Löffel abnehmen. Bei heißen Speisen kann man die Fettschicht entfernen, indem man ein Stück Küchenrolle über die Speise zieht.
- Verwenden Sie zum Anbraten beschichtete Pfannen – für diese benötigen Sie nur geringe Mengen Fett.

Fettzusammensetzung

Die Zusammensetzung der Gallenflüssigkeit ist auch abhängig von der Ernährung, insbesondere von der Art der Fette, die konsumiert werden. Fette bestehen aus Triglyceriden – das sind Verbindungen aus Glycerin, an die drei Fettsäuren gebunden sind. Fettsäuren kann man nach gesättigten Fettsäuren und ungesättigten Fettsäuren unterscheiden. Zu letzteren zählen die Omega-3- und die Omega-6-Fettsäuren. Eine Ernährung, die besonders reich an Omega-3-Fettsäuren ist, scheint die Gallenflüssigkeit besonders fließfähig zu machen und daher besonders günstig zu sein, um Gallensteinen vorzubeugen.

Omega-3-reiche Lebensmittel sind Nüsse, fette Seefische und bestimmte Pflanzenöle wie beispielsweise Rapsöl, Walnussöl, Leinöl, Hanföl und Sojaöl.

Besonders ungünstige Fette im Zusammenhang mit Gallensteinerkrankungen sind gesättigte Fette und Transfette. Letztere sind ursprünglich ungesättigte Fette, die industriell gehärtet wurden. Durch diese chemische Veränderung ändern sich auch die gesundheitlichen Eigenschaften ungünstig. Transfette finden sich deshalb besonders in

- Fast Food und Fertiggerichten, z. B. Pommes, Pizza und Burger
- Backwaren wie Croissants, Krapfen und Keksen
- Knabbereien wie Chips, Flips und Popcorn

Auf der Zutatenliste können Sie einen möglicherweise hohen Gehalt an Transfetten an Begriffen wie „pflanzliches Fett, zum Teil gehärtet" oder „ungesättigte Fettsäuren, enthält gehärtete Fette" erkennen.

Anmerkung

Der Gehalt an Transfetten ist in Österreich geregelt und darf bestimmte Höchstwerte nicht überschreiten. Nachdem Transfette in Lebensmitteln vorkommen, die sich u. a. auch durch einen hohen Salzgehalt auszeichnen, ist es generell sinnvoll, diese Produkte nicht zu häufig zu konsumieren.

Zucker

Eine hohe Zufuhr von Zucker ist ein Risikofaktor für die Entstehung von Gallensteinen. Es kann daher helfen, die Zuckermenge in der eigenen Ernährung zu reduzieren. Ein kompletter Zuckerverzicht oder eine streng kohlenhydratarme Ernährung ist aber nicht notwendig.

Schauen Sie sich beim Einkaufen die Verpackungen genauer an! Die Zutatenliste und die Nährwertkennzeichnung auf der Verpackung helfen Ihnen, den Zuckergehalt im Lebensmittel besser einzuschätzen. In der Zutatenliste müssen die einzelnen Zutaten nach verwendeter Menge in absteigender Reihenfolge angegeben sein. Je weiter am Beginn der Aufzählung das Wort „Zucker" steht, desto höher ist der Gehalt im Lebensmittel.

Mit folgenden Begriffen ist Zucker selbst oder Stoffe, die wie Zucker wirken, gemeint: Saccharose, Dextrose, Raffinose, Glukose, Fruktosesirup, Fruktose-Glukose-Sirup, Glukosesirup, Glukose-Fruktose-Sirup, Stärkesirup, Karamellsirup, Laktose, Maltose, Malzextrakt, Gerstenmalzextrakt …

In der Nährwertdeklaration muss Zucker ebenfalls ausgewiesen sein. Dort finden Sie die Menge in Gramm pro 100 Gramm Lebensmittel. Um sich die Menge an Zucker im Lebensmittel besser vorstellen zu können, rechnen Sie die Menge in Zuckerwürfel um.

Beispiel:
Zuckerangabe auf einer Müslipackung (Zutaten: Vollkornhaferflocken, Zucker, Palmöl, getrocknete Weizenkeime, Weizenmehl, Glukosesirup, Honig, Salz, Aroma): 24 Gramm pro 100 g – ersichtlich an der Nährwerttabelle in der Zeile „davon Zucker".

1 Portion Müsli = 50 g = 12 g Zucker
1 Zuckerwürfel wiegt ca. 4 g

Somit enthält eine Portion dieses Müslis umgerechnet 3 Stück Würfelzucker.

Zum Vergleich: Ein Mensch mit 70 kg sollte pro Tag maximal 50 g Zucker (entspricht 14 Stück Würfelzucker) zu sich nehmen.

- **Gewöhnen Sie sich langsam um!**
  Die Menge an Zucker, die man als zu süß empfindet, ist – wie auch bei Salz – bis zu einem gewissen Grad antrainiert und kann auch wieder reduziert werden. Versuchen Sie die Dosis Schritt für Schritt zu reduzieren. Wenn Sie es bisher gewohnt waren, den Kaffee mit 3 Stück Würfelzucker zu trinken, ist es vielleicht zu schwer, den Zucker komplett wegzulassen. Versuchen Sie erstmal, auf 2 Stück zu reduzieren. Wenn Sie sich daran gewöhnt haben, gehen Sie einen Schritt weiter und versuchen, auf 1 Stück zu reduzieren.
- **Machen Sie sich Gedanken darüber, warum Sie Süßes essen.**
  Essen ist viel mehr als die bloße Aufnahme von Nährstoffen. Wir essen aus Gewohnheit, aus Tradition, um sozial zu sein, weil uns Essen an bestimmte Situationen erinnert usw. Manchmal setzt man Essen auch als Therapie ein, um bestimmte Gefühle zu „behandeln". Manche essen aus Langeweile, manche aus Stress, manche weil sie traurig sind.
  Überlegen Sie sich, warum Sie bestimmte Dinge in bestimmten Situationen essen, und machen Sie sich Gedanken über mögliche Alternativen. Was könnten Sie noch anderes gegen Langeweile tun? Was würde Sie sonst noch entspannen? Was würde Sie sonst noch trösten?
- **Genießen Sie!**
  Süße Speisen sollen Spaß machen! Sie müssen auf nichts verzichten! Sinnvoll ist es aber natürlich, die Menge auf ein vernünftiges Maß zu beschränken. Wenn man dazu neigt, größere Mengen an Süßigkeiten zu essen, als man eigentlich will, kann ein Achtsamkeitstraining helfen: Nehmen Sie sich für ein kleines Stück Ihrer Lieblingssüßig-

keit, z.B. Ihrer Lieblingsschokolade, 5 Minuten Zeit, setzen Sie sich in Ruhe und ungestört hin und genießen Sie. Riechen Sie am Stück Schokolade, fragen Sie sich, woran Sie der Geruch erinnert, was Sie damit assoziieren. Schmecken Sie ganz bewusst, wonach die Schokolade schmeckt, versuchen Sie die einzelnen Geschmacksnuancen wahrzunehmen, fühlen Sie, wie die Schokolade langsam schmilzt.

Auf diese Weise beschäftigt man sich zwar nur mit einer kleinen Menge an Süßigkeit, aber dafür so intensiv, dass man danach kein weiteres Stück mehr braucht, um zufrieden zu sein.

→ **Kaufen Sie Süßigkeiten nicht auf Vorrat und bevorzugen Sie kleine Verpackungsgrößen!**

Getränke

Die Flüssigkeitsmenge an sich spielt in der Behandlung von Gallensteinen aus derzeitiger Sicht eher eine untergeordnete Rolle. Prinzipiell sollte man aber natürlich auf eine ausreichende Flüssigkeitszufuhr über den Tag verteilt achten, um leistungsfähig, fit und gesund zu bleiben. Die empfohlene Menge liegt bei mindestens 1500 ml pro Tag. Bei Hitze, Anstrengung und Durchfall sollte entsprechend mehr getrunken werden.

Viele Menschen nehmen beachtliche Mengen an Zucker auch über Getränke auf. Hier eine beispielhafte Übersicht über Zucker in Getränken – ausgedrückt in Stück Würfelzucker:

1 Dose Cola, 300 ml	8 Stück
1 kleine Dose Energydrink	7 Stück
1 Glas (250 ml) Limonade	6 Stück
1 kleine Flasche Eistee (500 ml)	9 Stück
1 Glas (250 ml) Fruchtsaft	8 Stück

Gute, kalorienarme Durstlöscher sind:

- Wasser
- Kräuter- und Früchtetees ohne Zucker
- stark gespritzte Fruchtsäfte. Fruchtsaft enthält zwar auch Zucker, dieser Zucker ist aber nicht – wie bei Limonaden – zugesetzt. Fruchtsäfte können auch zur Vitamin-C-Versorgung beitragen (Mischungsverhältnis: 1 Teil Saft und 3 Teile Wasser).
- Kaffee sowie schwarzer und grüner Tee ohne Zucker können bei der Flüssigkeitsbilanz wie Wasser gezählt werden.

Rezept für „Aroma-Wasser“ (nach der Deutschen Gesellschaft für Ernährung)

Füllen Sie eine Flasche oder Kanne mit Wasser und ergänzen oder kombinieren Sie aufgeschnittene Früchte, Kräuter, einen Schluck Saft oder einen Rest Kräutertee.

Gut kombinieren lassen sich beispielsweise auch diese Zutaten:

- aufgeschnittene Gurke, Apfel, Birne, Beeren, Zitrone, Limette, Orange oder Grapefruit
- feine Scheiben Ingwer
- 1–2 Stängel Minze, Rosmarin, Fenchel oder Basilikum
- Rosenwasser

Lassen Sie die Mischung kurz ziehen und genießen Sie Ihre eigene Kreation.

Alkohol

Moderater Alkoholkonsum scheint in Studien das Risiko für Gallensteine zu reduzieren. Daraus sollte man aber nicht schließen, dass Alkohol generell unbedenklich ist. Im Einzelfall halten Sie unbedingt ärztliche Rücksprache, insbesondere wenn Begleiterkrankungen vorliegen oder Sie Medikamente einnehmen. Bei einigen Lebererkrankungen und in der Schwangerschaft sollte Alkohol auf jeden Fall gemieden werden.

Prinzipiell gibt es keine „gesunde Menge“ an Alkohol. Die tägliche Alkoholmenge sollte aber keinesfalls über einem Standardglas für Frauen und zwei Standardgläsern für Männer liegen.

1 Standardglas (entsprechend 10–12 g reiner Alkohol) =

- 300 ml Bier
- 125 ml Wein
- 100 ml Sekt
- 4 cl Schnaps[1]

Versuchen Sie zumindest 2 alkoholfreie Tage in der Woche!

Körpergewicht – Bauchumfang

Ein erhöhtes Körpergewicht und ein erhöhter Bauchumfang sind Risikofaktoren für die Entstehung von Gallensteinen. Regelmäßige Bewegung und eine gesunde, ausgewogene Ernährung, die auf den eigenen Energiebedarf abgestimmt ist, sind auch deshalb ein wichtiger Behandlungsansatz gegen Gallensteine. Der optimale Bauchumfang ist für Männer mit unter 102 cm und für Frauen mit unter 88 cm angegeben, das optimale Körpergewicht liegt im besten Fall bei einem BMI unter 25.

Laut den derzeitigen Leitlinien sollte man bei Adipositas zwischen 5 und 15 % vom Ausgangsgewicht verlieren.

Beispiel: Eine Person mit 90 kg und einer Körpergröße von 170 cm hat einen BMI von 31 kg/m². Sie sollte bei bestehender Adipositas somit dauerhaft zumindest 5 Kilogramm Gewicht reduzieren.

Kategorie	BMI	Risiko für Begleiterkrankungen des Übergewichts
Untergewicht	‹ 18,5	niedrig
Normalgewicht	18,5–24,9	durchschnittlich
Übergewicht	≥ 25	
Präadipositas	25–29,9	gering erhöht
Adipositas Grad I	30–34,9	erhöht
Adipositas Grad II	35–39,9	hoch
Adipositas Grad III	≥40	sehr hoch

1 Quelle: https://www.sozialministerium.at/Themen/Gesundheit/Drogen-und-Sucht/Pr%C3%A4vention-und-Therapie/Alokoholpr%C3%A4vention.html (abgerufen 13. April 2023).

Achtung! Dies sind grobe Orientierungswerte und nicht die einzigen Parameter, an denen Gesundheit gemessen werden kann. Prinzipiell gilt bei einem BMI über 25: Auch ein Gewichtsverlust von nur wenigen Kilogramm bewirkt eine Verbesserung des Risikos für die Entstehung von Gallensteinen. Und: Auch wenn der BMI über dem Normalwert liegt und man sich trotzdem sehr gesund ernährt, ist das Risiko im Vergleich zu Menschen, die sich ungesund ernähren, immer noch geringer.

Fasten und Gewichtsreduktion

Auch wenn Adipositas die Entstehung von Gallensteinen begünstigt, sollten extreme Diäten, die zu einem sehr schnellen Gewichtsverlust führen, in jedem Fall vermieden werden. Lange Fastenperioden, Zeiträume, in denen die Energiezufuhr weit unter dem Bedarf liegt, oder auch extrem fettarme Ernährungsformen sollten unbedingt unterbleiben. Weil dadurch die Reize zur Kontraktion der Gallenblase fehlen, kommt es zu einem längeren Verbleib von Gallenflüssigkeit in der Gallenblase. Dies führt zu einer stärkeren Konzentration der Gallenflüssigkeit und somit zu einer höheren Wahrscheinlichkeit, dass sich Gallensteine bilden.

Die Geschwindigkeit, mit der Gewicht reduziert werden sollte liegt, bei einem halben bis einem Kilogramm pro Woche. Holen Sie sich professionelle Unterstützung – hilfreiche Adressen finden Sie am Ende des Buches.

Ausgewogene Ernährung – Zusammenfassung

Im Hinblick auf die Nährstoffzusammensetzung wird bei Gallensteinleiden folgende Art der Ernährung empfohlen:

- Energie: bedarfsdeckend, bei Übergewicht energiereduziert
- Fette: fettreduziert, hoher Anteil an ungesättigten Fetten, hoher Anteil an Omega-3-Fettsäuren, wenig Transfette
- Kohlenhydrate: bedarfsgerecht, wenig schnell resorbierbare Kohlenhydrate wie Zucker, ballaststoffreich
- Eiweiß: bedarfsgerecht – besonders günstig ist pflanzliches Eiweiß
- Vitamine: bedarfsgerecht, insbesondere hinsichtlich Vitamin C und E
- Mineralstoffe: bedarfsgerecht, insbesondere hinsichtlich Magnesium und Calcium
- Alkohol: nach ärztlicher Rücksprache in moderaten Mengen möglich

Kein Lebensmittel und keine Lebensmittelgruppe hat die perfekte Nährstoffzusammensetzung. Deshalb ist es wichtig, die einzelnen Lebensmittelgruppen in einem bestimmten Verhältnis zu kombinieren, um eine optimale Versorgung mit Nährstoffen sicherzustellen. Die folgende Darstellung soll Ihnen eine Übersicht über die optimalen Mengen der verschiedenen Lebensmittelgruppen geben.

Portionsgrößen

Nahrungsmittel	Empfohlene Menge pro Tag	1 Portion entspricht (entweder – oder)
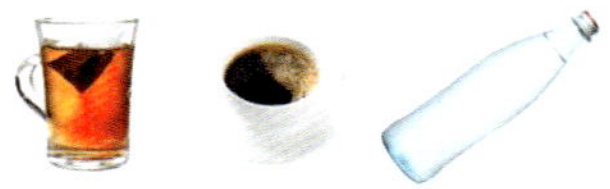	1,5–2 Liter	1 Glas = 250 ml 1 Tasse = 200 ml
	5 Portionen, davon 3 Portionen Gemüse 2 Portionen Obst 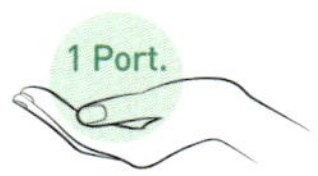	Gemüse gegart: 200–300 g Rohkost: 100–200 g Salat: 75–100 g Hülsenfrüchte: 70–100 g roh 150–200 g gekocht Obst: 125–150 g
	4 Portionen (Rohgewicht) 	Brot/Gebäck: 50–70 g Müsli/Flocken: 50–60 g Reis/Getreide: 50–60 g roh 130–180 g gekocht Nudeln: 65–80 g roh 200–250 g gekocht Kartoffeln: 200–250 g (3–4 Stk. eigroß) Bevorzugen Sie Vollkorn.
	3 Portionen 	Milch: 200 ml Joghurt: 180–250 ml Topfen, Hüttenkäse: 200 g Käse: 50–60 g
	1 Portion (Rohgewicht) 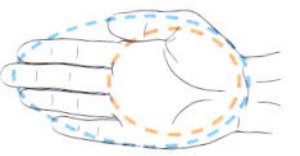	Fisch: 150 g Fleisch, Wurstwaren: 100-150 g Ei: 1 Stk.
	1–2 Portionen 	Pflanzenöl: 1 EL Streichfett: 1 EL Nüsse/Samen: 1 EL
	Mit Maß genießen 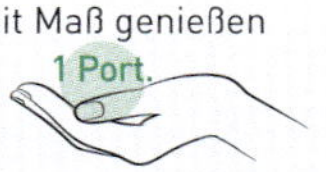	Sparsamer Umgang

Wie gelingt mir die Ernährungsumstellung?

Gewohnheiten zu verändern, ist für viele eine Herausforderung.

Konkrete Ziele setzen

Je genauer Sie ein Ziel definieren, das Sie erreichen möchten, desto leichter erreichen Sie es auch. Vorsätze wie „Ich esse mehr Nüsse“ sind sehr unkonkret und schwer zu überprüfen. Besser ist es Ziele, SMART zu formulieren.

- **S** spezifisch (genau beschrieben)
- **M** messbar (in Zahlen ausdrückbar)
- **A** attraktiv (so, dass es schmeckt)
- **R** realistisch (machbar)
- **T** terminisiert (in einem bestimmten Zeitraum umsetzbar)

Beispiel

Ich werde in den nächsten 2 Wochen beim Frühstück mindestens 7-mal 1 EL Nüsse in meinem Müsli essen.

S – genau beschrieben

M – 7-mal, jeweils 1 EL

A – zum Frühstück (denn da schmecken mir die Nüsse am besten)

R – 7-mal (täglich wäre für mich unrealistisch, ich genieße auch andere Frühstücksvarianten)

T – innerhalb von 2 Wochen

Auf das „zu wenig“ konzentrieren

Niemand verzichtet gerne und schränkt sich gerne selbst ein. Meistens tut man sich bei einer Ernährungsumstellung leichter, wenn man den Fokus auf diejenigen Lebensmittelgruppen legt, die in der bisherigen Ernährung weniger als gewünscht vorkommen. Haben Sie z. B. bisher 6-mal in der Woche Fleisch, aber nur 3 Portionen Gemüse gegessen, ist es einfacher, sich vorzunehmen, mindestens 7 Portionen Gemüse zu essen und nicht maximal 3-mal pro Woche Fleisch. Wenn Sie es schaffen, dieses Ziel von 7 Portionen zu erreichen, essen Sie automatisch gesünder – und als Nebeneffekt essen Sie vielleicht automatisch weniger Fleisch!

Selbstkontrolle

Loben Sie sich! Hilfreich kann es sein, wenn Sie sich selbst vor Augen führen, welche gewünschten Veränderungen Sie bereits erreicht haben. Eine Möglichkeit, die Motivation zu steigern bzw. zu erhalten, ist es, das eigene Ernährungsverhalten zu dokumentieren, z. B. anhand einer Checkliste, in die Sie die konsumierten Portionen eintragen. So kontrollieren Sie selbst, von welchen Lebensmittelgruppen Sie mehr brauchen und die nächsten Ziele können SMART formuliert werden!

Hier ein Beispiel für eine Ernährungs-Checkliste: In der Spalte „Soll“ tragen Sie ihr Ziel ein. Pro Portion machen Sie einen Strich. Die Portionsgrößen und -mengen können natürlich auch noch individuell angepasst und die Lebensmittelgruppen erweitert bzw. verändert werden.

Beispiel

	Mo	Di	Mi	Do	Fr	Sa	So	Summe	Soll
Gemüse (1 Handvoll)	II	I	II	III	I	I			21
Obst (1 Handvoll)	II	II		III		I	II		14
Beilagen Vollkorn (1 Handvoll)	III	I	III	III	I	III	II		21
Fleisch (1 Handvoll)		II		I	I				3
Fisch (1 Handvoll)			I			I			2
Milchprodukte (1 Handvoll)	II	II	I		III	I	II		21
Nüsse (1 kleine Handvoll)	I	I		I		II			7

Tipp

Es gibt mittlerweile auch schon viele Apps, mit denen Sie Ihre eigenen Ernährungsgewohnheiten tracken können. Wenn Sie sich nicht sicher sind, welche am besten zu Ihnen passt, orientieren Sie sich an der Handhabbarkeit der App. Sie sollte möglichst einfach und intuitiv sein und möglichst wenig Zeit in Anspruch nehmen. Ein gutes Beispiel ist die App „Was ich esse" der aid: https://www.bzfe.de/fileadmin/resources/import/pdf/eif_2015_05_06_ernaehrungsprotokoll_als_app.pdf

Was tun bei Beschwerden?

Wenn man weiß, dass man bereits Gallensteine hat und es treten Beschwerden wie Schmerzen, starke Blähungen oder Durchfall auf, sollte man sich in jedem Fall ärztlichen Rat einholen und gegebenenfalls medizinisch behandeln lassen. Zusätzlich kann man aber auch mit der Ernährung unterstützend auf die Beschwerden einwirken.

Nach einer Operation zur Entfernung der Gallenblase kann es eine Zeitlang auch zu Schmerzen kommen. Beim chirurgischen Eingriff wird Gewebe verletzt, das wieder heilen muss. In der Regel werden deshalb Schmerzmittel eingesetzt. Die meisten Menschen können sehr bald nach der Operation wieder ganz normal essen. Um den Körper an die neue Situation zu gewöhnen, kann man vorübergehend auch etwas vorsichtiger bei der Lebensmittelauswahl sein. Ziel sollte aber in jedem Fall sein, sich möglichst wenig einzuschränken – insbesondere wenn man zu Untergewicht neigt.

Tipps

- **Fett kann Probleme machen**
  Da die Gallenflüssigkeit für die Fettverdauung benötigt wird, können Mahlzeiten, die viel Fett enthalten, zu Beschwerden führen.
- **Essen in Ruhe und mit Genuss**
  Auch wenn es banal klingt – die Verdauung beginnt wirklich im Mund. Bei Beginn der Einnahme der Mahlzeiten sendet das Gehirn – nachdem Geruch, Optik und Geschmack der Speise wahrgenommen wurden – Signale an den Magen-Darm-Trakt, die diesen dazu stimulieren, sich auf die bevorstehende Verdauung vorzubereiten. Wenn man langsam und in Ruhe isst, hat der Magen-Darm-Trakt länger die Möglichkeit, eine optimale Verdauungsumgebung herzustellen und man kann Nährstoffe besser aufnehmen.

- **Gut kauen**
  Im Mund befindet sich eine gewisse Menge an fettspaltenden Enzymen, die in den Speicheldrüsen gebildet werden. Je länger man kaut, desto mehr Speichel wird produziert und desto mehr fettspaltende Enzyme werden ausgeschüttet, die dann bereits in der Mundhöhle mit der Verdauung beginnen können.
- **Mehrere kleine Mahlzeiten pro Tag**
  Sehr große Mahlzeiten sind in der Regel eine größere Herausforderung für den Magen-Darm-Trakt und somit auch für die Gallenproduktion. Wenn Sie nach großen Mahlzeiten Probleme bekommen, essen Sie kleinere Portionen und teilen Sie Ihre Mahlzeiten über den Tag auf.
- **Umgang mit individuellen Unverträglichkeiten**
  Wenn Sie nach dem Essen immer wieder Beschwerden bekommen, medizinisch keine Ursache gefunden wurde und Sie herausfinden möchten, ob es einen Zusammenhang zwischen einem Lebensmittel und den Beschwerden gibt, kann es sinnvoll sein, eine Zeitlang ein Ernährungs- und Symptomtagebuch zu führen. Dazu erfassen Sie möglichst genau alles, was und wann Sie es gegessen und getrunken haben und notieren auch alle Beschwerden.

Beispiel für ein Ernährungs- und Symptomprotokoll

Datum	Uhrzeit	Speise	Symptom	Umfeld
23.04.2023	7:00 Uhr	1 Stück Kornspitz, 2 TL Butter, 3 Stück Camembert	Starke Bauchschmerzen und Blähungen eine Stunde danach (8:30 Uhr)	zu Hause, vor der Arbeit, im Stehen
	9:30 Uhr	1 Banane	Keine Beschwerden	in der Arbeit
	13:00 Uhr	Spaghetti Bolognese (ca. 3 Schöpfer Nudeln) mit 1 Schüssel grünem Salat mit 1 EL Kernöl	Leichte Bauchschmerzen um ca. 14:30 Uhr (Dauer ca. 1 Stunde)	Kantine
	19:30 Uhr	2 Scheiben Mischbrot (ca. 100 g) mit je 2 Blatt Schinken und 2 Blatt Käse, 3 Stück Paradeiser	Keine Beschwerden	zu Hause
	21:00 Uhr	Kleine Packung Chips	Leichte Übelkeit und Blähungen ab ca. 22 Uhr	zu Hause, vor dem Fernseher

Wenn Sie nach dem Verzehr bestimmter Lebensmittel immer wieder ähnliche Beschwerden bekommen, gibt es möglicherweise einen ursächlichen Zusammenhang. Sie können dann in einem ersten Schritt versuchen, dieses Lebensmittel wegzulassen, und beobachten, ob sich die Beschwerden damit verbessern.

Anmerkung

Werden die Beschwerden nicht besser, besteht keine Notwendigkeit, dieses Lebensmittel auf Dauer wegzulassen.

TEIL 3 REZEPTE

Nicht immer ist es möglich, selbst einzukaufen und zu kochen. Sei es aus Zeitdruck, aus mangelnder Freude, wegen mangelnder Kochkünste oder aus Bequemlichkeit: Essen und Trinken sind im Rahmen von Erkrankungen der Galle wichtig, um einen guten Ernährungszustand zu erreichen bzw. zu halten – da ist es durchaus in Ordnung, auf vorproduzierte Speisen zurückzugreifen. Wenn möglich, orientieren Sie sich auch hier an der Vollwertigkeit und jedenfalls an der Verträglichkeit!

Tipp

Wenn Sie selber kochen: Nehmen Sie sich auch Zeit zum Einkauf und zur Zubereitung der Gerichte!

Die Rezepte in diesem Buch sind für die Zeit nach dem stationären oder ambulanten Aufenthalt im Krankenhaus gedacht. Durch den medizinischen Fortschritt ist bei den meisten Menschen nach einer Gallenoperation (z.B. Gallensteine) keine besondere Ernährungsform erforderlich. Erfahrungsgemäß vertragen allerdings manche Menschen nach einer Operation bestimmte Lebensmittel oder Zubereitungsarten vorübergehend nicht (mehr) so gut:

- Größere Mengen Obst, insbesondere nicht gut ausgereifte Früchte
- Blähende Gemüsesorten (z.B. Kraut und Kohlsorten, Kohlsprossen/Rosenkohl, Karfiol/Blumenkohl, Hülsenfrüchte)
- Sehr kalte und/oder kohlensäurehaltige Getränke
- Frisches Brot, insbesondere Vollkornbrot oder frischen Germteig (Hefeteig)
- Größere Mengen Zwiebel, Knoblauch oder Paprika, insbesondere in roher Form
- Sehr stark geröstete, scharfe oder gebratene Gerichte (z.B. Gulasch, Krautfleisch, scharfes Curry ...)
- Frittierte Speisen (Pommes frites, paniertes Schnitzel, Kroketten, Pofesen ...)
- Größere Mengen fetter Speisen (Cremetorten, Mayonnaise ...)

Wenn Sie solche Lebensmittel oder Gerichte wieder probieren möchten, sind folgende Tipps hilfreich:

- Bevorzugen Sie bei Obst ausgereifte Früchte und starten Sie mit einer kleinen Portion! Geschältes Obst ist besser verträglich, ebenso gekochtes Obst in Form von Kompott oder Mus.
- Bevorzugen Sie anstelle von frischem Brot lieber Brot vom Vortag. Statt Vollkornbrot mit vielen Kernen wählen Sie ein Brot, bei dem Getreide und Samen vermahlen sind. Wechseln Sie die Brotsorten ab.
- Probieren Sie Hülsenfrüchte anfangs nur in kleinen Mengen und vermeiden Sie die Kombination mit anderen blähenden Zutaten wie Zwiebel oder Paprika.

Grundsätzlich gilt:

- Nehmen Sie sich Zeit zum Essen und zum Trinken!
- Richten Sie die Gerichte ansprechend an, egal ob Sie alleine oder in Gesellschaft essen!
- Entscheidend ist, was Sie vertragen – und was Sie vertragen, können Sie auch essen!

Die folgenden Rezepte folgen keiner bestimmten Diät oder Kostform – das ist in den meisten Fällen nicht erforderlich. Bei der Zusammenstellung der Rezeptsammlung wurde dennoch darauf geachtet, bestimmte Lebensmittel nicht zu verwenden, die bei bestehenden Gallensteinen oder in der Zeit nach einer Gallenblasenentfernung erfahrungsgemäß manchmal nicht vertragen werden. Die Rezepte können und sollen natürlich nach persönlichen Vorlieben, Abneigungen und individueller Verträglichkeit angepasst und erweitert werden.

Weitere vegetarische Speisen sind mit 🌿 gekennzeichnet.

FRÜHSTÜCK

PORRIDGE MIT APFEL

Zutaten für 2 Portionen:

- 400 ml Milch
- 80 g Feinblatt-Haferflocken
- 2 TL Honig
- 1 Apfel
- Saft einer Zitrone
- 1 Prise gemahlener Zimt

Zubereitung:
Milch in einem Topf aufkochen und die Haferflocken einrühren. Den Porridge bei mittlerer Hitze kochen, bis er dickflüssig ist. Mit Honig abschmecken und in zwei Schüsseln anrichten. Den Apfel grob reiben, etwas Zitronensaft und bei Bedarf noch etwas Honig dazugeben. Auf dem Porridge verteilen und mit etwas Zimt bestreuen.

TIPPS:

- Der Porridge schmeckt auch gut mit Pflanzendrink (z. B. Haferdrink).
- Wechseln Sie bei den Obstsorten und verwenden Sie gut ausgereifte Früchte.
- Zur besseren Verträglichkeit Apfel oder Birne vor dem Reiben schälen – oder Sie verwenden Kompottobst.

QUINOA MIT GEDÜNSTETEM APFEL

Zutaten für 2 Portionen:

- 80 g Quinoa
- 160 ml Wasser
- 1 Apfel
- 1 kleines Stück Zimtrinde
- 1 Spritzer Zitronensaft
- 2 TL Honig

Zubereitung:
Quinoa in einem Sieb mit Wasser abspülen. Die doppelte Menge Wasser zum Kochen bringen, den Quinoa einrühren und für einige Minuten kochen lassen. Den Topf zur Seite ziehen und zugedeckt 10–15 Minuten nachquellen lassen.

In der Zwischenzeit den Apfel waschen, schälen und in Spalten schneiden. Die Apfelspalten in einigen EL Wasser dünsten. Geben Sie ein kleines Stück Zimtrinde und einen Spritzer Zitronensaft dazu. Etwas überkühlen lassen. Quinoa mit einer Gabel auflockern, die Apfelspalten untermischen und auf zwei Schüsseln aufteilen. Mit etwas Honig beträufeln.

TIPPS:

- Anstelle von Quinoa eignen sich auch Haferflocken oder Grieß – in der doppelten Menge Milch oder Pflanzendrink gekocht.
- Wechseln Sie bei den Obstsorten ab und verwenden Sie gut ausgereiftes Obst.
- Anstelle von gedünsteten Früchten eignen sich auch Erdbeeren, Heidelbeeren (Blaubeeren) oder eine Banane gut!

ERDBEEROMELETTE

Zutaten für 2 Portionen:

Teig

- 3 Eier
- ½ TL Kristallzucker
- 180 g Mehl, glatt (Weizen oder Dinkel)
- ½ TL Backpulver
- ¼ l Milch
- Rapsöl für die Pfanne

Belag

- 250 g Joghurt
- 1 Spritzer Zitronensaft
- 2 TL Erdbeermarmelade
- ca. 300 g Erdbeeren, klein geschnitten

Zubereitung:

Eier trennen und das Eiklar mit etwas Kristallzucker zu Schnee schlagen. Mehl mit Backpulver sieben. Milch, Dotter und Mehl rasch zu einem glatten Teig verrühren und den Eischnee vorsichtig unterheben.

Eine Pfanne erhitzen und mit Rapsöl ausstreichen. Den Teig portionsweise in die Pfanne geben und beidseitig goldbraun backen. Joghurt mit Zitronensaft und Marmelade glattrühren, auf den Omeletts verteilen und mit Erdbeeren garnieren.

TIPPS:
- Verwenden Sie gut ausgereiftes Obst!
- Die Omeletts können auch mit Kompottfrüchten belegt werden.
- Anstelle von weißem Mehl eignet sich auch fein vermahlenes Vollkornmehl.

MUFFINS (SÜSSES FRÜHSTÜCK ODER ZWISCHENMAHLZEIT)

Zutaten für 12 Stück:

- 3 EL geschrotete Leinsamen
- 6 EL Wasser
- 3 reife Bananen
- 100 g Hafermehl
- 100 g gemahlene Nüsse
- 60 ml Rapsöl
- 30 g Rosinen
- 1 TL Backpulver
- 1 Msp. gemahlener Zimt
- 1 Msp. gemahlener Kardamom

Zubereitung:

Backofen auf 160° C vorheizen (Heißluft). Geschrotete Leinsamen in Wasser einweichen und für 5–10 Minuten quellen lassen. Die Bananen mit einer Gabel zu Mus zerdrücken. Mehl, Nüsse, Öl, Rosinen, Backpulver und Gewürze in einer Schüssel vermischen, das Bananenmus und die Leinsamen samt Wasser dazugeben und gut verrühren. Papierförmchen in das Muffinblech geben, die Masse einfüllen und ca. eine halbe Stunde backen.

TIPP: Anstelle der Bananen eignen sich auch frische oder tiefgekühlte Erdbeeren oder Heidelbeeren (Blaubeeren). Die Beeren ggf. auftauen und mit etwas Wasser pürieren.

TOPFENAUFSTRICH (QUARKAUFSTRICH) MIT BROKKOLI UND KRESSE

Zutaten für 2 Portionen:

- 125 g Brokkoli
- 125 g Magertopfen (Magerquark)
- 2 EL Olivenöl
- Salz, Pfeffer
- 2 EL Gartenkresse

Zubereitung:

Brokkoli putzen und in Röschen teilen, den Strunk schälen und würfeln, dann in den Dämpfer geben, bis das Gemüse weich ist. Anschließend mit einem Stabmixer fein pürieren, bei Bedarf etwas Wasser zugeben. Das Püree überkühlen lassen.

Topfen mit Olivenöl, Salz und Pfeffer glattrühren und das Brokkolipüree dazugeben. Die Masse sollte gut streichfähig sein. Bei Bedarf etwas Milch dazugeben. Zum Schluss gut die Hälfte der Kresse unterrühren. In Schüsseln anrichten und mit der restlichen Kresse garnieren.

TIPPS:

- Probieren Sie den Aufstrich mit Brunnenkresse!
- Sollte Ihnen die Kresse zu scharf sein, verwenden Sie milde Küchenkräuter wie Petersilie oder Basilikum.
- Dieser Aufstrich eignet sich auch gut als Zwischenmahlzeit oder als Abendessen.
- In ein Schraubglas gefüllt auch als Snack unterwegs oder in der Arbeit geeignet.

BEEREN-COUSCOUS

Zutaten für 2 Portionen:

- ¼ l Apfelsaft
- 1 kleines Stück Zimtstange
- 100 g Couscous
- etwas abgeriebene Zitronen- oder Orangenschale (verwenden Sie dafür eine unbehandelte Frucht)
- 300 g Beeren (z. B. Erdbeeren, Heidelbeeren/Blaubeeren)
- 250 g Joghurt
- 2 TL Honig

Zubereitung:

Apfelsaft mit Zimtstange aufkochen. Den Couscous in einer hitzefesten Schüssel damit übergießen. Zugedeckt 5–10 Minuten quellen lassen, bis die gesamte Flüssigkeit aufgesogen ist. Dann die Zimtstange entfernen.

Den Couscous mit einer Gabel auflockern, die geriebene Zitronen- oder Orangenschale und gut die Hälfte der Beeren vorsichtig unterheben. In Schüsseln anrichten und abwechselnd mit den restlichen Beeren und Joghurt belegen. Mit Honig beträufeln.

TIPPS:

- Verwenden Sie gut ausgereifte Früchte!
- Der Couscous schmeckt auch mit einem geschälten und geriebenen Apfel oder mit einer Banane sehr gut!

TOPFENWECKERLN (QUARKBRÖTCHEN)

Zutaten für 4 Stück:

- ¼ kg Magertopfen (Magerquark)
- 1 kleines Ei
- 1 EL Rapsöl
- 1 Prise Salz
- 150 g Dinkelmehl
- 1 gestrichener TL Weinsteinbackpulver
- 1 Msp. gemahlener Zimt
- ½ Apfel
- Mehl für die Arbeitsfläche

Zubereitung:

Das Backrohr auf 200° C vorheizen. Topfen, Ei und Öl mit einer Prise Salz in einer Rührschüssel glattrühren. Mehl, Backpulver und Zimt in eine weitere Schüssel sieben. Apfel schälen, grob raspeln und unter die Mehlmischung rühren. Zur Topfenmasse geben und gemeinsam mit der Mehlmischung mit den Knethaken des Handrührgeräts zu einem glatten Teig verkneten.

Den Teig auf der leicht bemehlten Arbeitsfläche mit den Händen zu einer Rolle formen und dann in 4 Stücke teilen. Die Teiglinge zwischen den Handflächen zu einer Kugel formen und auf ein mit Backpapier ausgelegtes Blech geben. Die Weckerln oben kreuzweise etwa 1 cm tief einschneiden und im Rohr im unteren Drittel etwa 20 Minuten backen. Herausnehmen und abkühlen lassen.

TIPPS:

- Backen Sie die Weckerln am Vortrag – abgelegenes Gebäck ist besser verträglich als frisches.
- Die abgekühlten Weckerln lassen sich gut portionsweise einfrieren. Bei Bedarf auftauen und kurz toasten.

SCHAFKÄSE-TOPFEN(QUARK)-AUFSTRICH

Zutaten für 2 Portionen:

- Petersilie, Dillspitzen, Schnittlauch
- 125 g Magertopfen (Magerquark)
- 125 g Schaffrischkäse
- etwas Milch
- Salz, Pfeffer

Zubereitung:

Die Kräuter fein hacken. Topfen und Schafkäse mit etwas Milch glattrühren und die Kräuter untermischen. Mit Salz und Pfeffer abschmecken.

TIPPS:

- Lassen Sie den Schnittlauch weg, wenn er Ihnen zu scharf ist.
- Für eine mediterrane Note bereiten Sie den Aufstrich mit 2 EL Olivenöl und Basilikumblättern zu.

BAKED OATS MIT KÜRBIS UND HEIDELBEEREN (BLAUBEEREN)

Zutaten für 2 Portionen:

- 80 g Feinblatt-Haferflocken
- 1 Msp. gemahlener Zimt
- 100 g Hokkaido-Kürbis
- 1 Apfel
- 1/8 l Milch
- 150 g Heidelbeeren (Blaubeeren)
- Rapsöl für die Form
- 2 TL Honig

Zubereitung:

Backrohr auf 160° C vorheizen (Heißluft). Haferflocken in einer hitzebeständigen Schüssel mit 100 ml kochendem Wasser übergießen. Zimt dazugeben, verrühren und 10–15 Minuten quellen lassen.

In der Zwischenzeit Kürbis und Apfel schälen und raspeln. Milch, Heidelbeeren, Kürbis und Apfel zu den Haferflocken geben und die Zutaten verrühren. Eine Auflaufform mit Rapsöl ausstreichen, die Masse einfüllen, glattstreichen und ca. 25 Minuten backen. Danach etwas überkühlen lassen und mit Honig beträufeln.

TIPPS:

- Verwenden Sie gut ausgereifte Früchte!
- Wechseln Sie beim Obst ab – auch Erdbeeren oder eine kleine Birne passen gut.
- Die Baked Oats schmecken auch mit Pflanzendrink sehr gut, z. B. mit Haferdrink anstelle der Milch.

ZWISCHENMAHLZEITEN UND SNACKS

BRUSCHETTA MIT MELANZANI (AUBERGINEN)

Zutaten für 2 Portionen:

1 kleiner Melanzano (Aubergine) (ca. 250 g)
2 EL Olivenöl
Salz, Pfeffer
1 Zweig Thymian
einige Basilikumblätter
1 Spritzer Zitronensaft
2 Scheiben altbackenes Brot

Zubereitung:

Backrohr auf 200° C vorheizen (Ober- und Unterhitze). Melanzano waschen und längs halbieren. Das Fruchtfleisch mit einem Messer mehrmals einritzen und den Melanzano mit der Schnittfläche nach oben auf ein mit Backpapier ausgelegtes Backblech legen. Über die Aubergine etwas Öl träufeln, salzen, pfeffern und mit Thymian bestreut für 40 Minuten ins Rohr schieben.

Anschließend den Melanzano herausnehmen, Thymian entfernen und das Fruchtfleisch mit einem Löffel von der Haut lösen. Das Fruchtfleisch mit einigen Basilikumblättern fein hacken, mit einem Spritzer Zitronensaft und bei Bedarf mit etwas Salz abschmecken.

Eine Pfanne erhitzen und mit Olivenöl ausstreichen. Die Brotscheiben auf einer Seite leicht antoasten, dann umdrehen und die Melanzanomasse darauf verteilen. Wenn auch die Unterseite goldbraun ist, die Bruschetta auf Teller geben und mit Basilikumblättern garnieren.

TIPPS:

- Verwenden Sie Brot vom Vortrag – das ist besser verträglich als frisches Brot.
- Das Gericht eignet sich gut zur Verwertung von Brotresten und schmeckt auch mit Schwarzbrot!

LEINÖLTOPFEN (LEINÖLQUARK)

Zutaten für 2 Portionen:

125 g Magertopfen (Magerquark)
2 TL Leinöl
Evtl. etwas Milch
Petersilie oder Schnittlauch
Salz, Pfeffer

Zubereitung:

Topfen mit Leinöl glattrühren, bei Bedarf etwas Milch dazugeben. Mit gehackten Kräutern, Salz und Pfeffer abschmecken.

TIPPS:

- Genießen Sie den Leinöltopfen auf einem Grahamweckerl.
- Auch Schwarzbrot und Hausbrot passen gut – achten Sie auf Brot vom Vortrag, das ist besser verträglich als frisches Brot.
- Wenn Sie Frühlingszwiebeln vertragen, garnieren Sie den Topfenaufstrich mit ein paar feingeschnittenen Zwiebelringen.

HERBSTGEMÜSE AUS DEM BACKROHR

Zutaten für 2 Portionen:

- 200 g Hokkaido-Kürbis
- 200 g Süßkartoffel
- 200 g festkochende Erdäpfel
- 1 kleiner Zweig Rosmarin
- Salz, Pfeffer
- 2 EL Olivenöl
- ½ TL Honig
- 3 frische Feigen
- 125 g Ziegenfrischkäse
- etwas Schnittlauch oder Petersilie

Zubereitung:

Backrohr auf 180° C vorheizen (Heißluft). Kürbis in kleine Spalten schneiden. Geschälte Süßkartoffel und geschälte Erdäpfel in ca. 1–2 cm große Würfel schneiden. Gemüse und Rosmarinblätter in einer Schüssel mit Salz und Pfeffer würzen, mit Olivenöl und Honig durchmischen. Auf einem mit Backpapier ausgelegten Backblech verteilen, die geviertelten Feigen dazugeben und 25–30 Minuten backen.

Ziegenfrischkäse mit einer Gabel zerteilen, mit fein gehacktem Schnittlauch oder Petersilie vermischen und kurz vor dem Servieren auf dem Ofengemüse verteilen.

TIPPS:

- Dazu passt Blattsalat, z. B. Lollo rosso oder Lollo bionda.
- Je nach Saison können Sie die Erdäpfelmischung mit frischem Gemüse variieren: im Frühling z. B. mit grünem Spargel, im Herbst mit verschiedenen Wurzelgemüsesorten.

COUSCOUS MIT PUTENSTREIFEN UND DIP

Zutaten für 2 Portionen:

- ¼ l Gemüsebrühe
- 125 g Couscous
- 2 Putenschnitzel à 100 g
- Salz, Pfeffer
- 1 EL Olivenöl
- Petersilie
- Basilikum
- 4 EL Joghurt
- 2 TL Sauerrahm (saure Sahne)
- Kresse

Zubereitung:

Gemüsebrühe aufkochen und Couscous einrühren. Nochmals aufkochen, vom Herd ziehen und zugedeckt 10 Minuten quellen lassen. Putenschnitzel in schmale Streifen schneiden, salzen und pfeffern. Eine Pfanne erhitzen und die Putenstreifen auf allen Seiten hell anbraten.

Petersilie und Basilikum waschen und fein hacken. Couscous mit einer Gabel auflockern, die Kräuter untermischen und bei Bedarf etwas salzen. Joghurt mit Sauerrahm und einer Prise Salz glattrühren.

Couscous auf Tellern anrichten, darauf die Putenstreifen. Mit Joghurt toppen und mit Kresse garnieren.

TIPPS:

- Wenn Ihnen die Kresse zu scharf ist, verwenden Sie Petersilie oder Basilikum.
- Dazu passt frischer Blattsalat.

MOZZARELLASALAT

Zutaten für 2 Portionen:

- 1 EL Kürbiskerne
- ½ kg Karotten (Möhren)
- 1 EL Rapsöl
- Salz, Pfeffer
- Zitronenthymian
- 125 g Mozzarella
- 2 EL Olivenöl oder Kürbiskernöl

Zubereitung:

Kürbiskerne in einer Pfanne ohne Fett leicht rösten und auf einem Teller auskühlen lassen. Karotten in Stifte oder Scheiben schneiden. Öl in einer Pfanne erhitzen und Karotten kurz andünsten. Mit Salz, Pfeffer und Zitronenthymian abschmecken. Etwas Wasser angießen und zugedeckt bei schwacher Hitze weichdünsten. Vom Herd ziehen und das Gemüse auskühlen lassen.

Mozzarella in Scheiben schneiden und auf Tellern auflegen. Das Karottengemüse dazugeben, mit Olivenöl oder Kürbiskernöl beträufeln und mit den Kürbiskernen garnieren.

TIPPS:

- Anstelle der Karotten eignen sich auch andere Wurzelgemüsesorten gut – probieren Sie eine Mischung aus gelben Rüben und Pastinaken!
- Die Kürbiskerne können durch Sonnenblumenkerne ersetzt werden.

WRAPS MIT GEMÜSE UND SCHINKEN

Zutaten für 2 Portionen:

- 2 Stück Wrap-Tortillas
- 125 g Magertopfen (Magerquark)
- Kresse, Schnittlauch, Petersilie
- Salz, Pfeffer
- etwas Milch
- ½ Kopf Eisbergsalat
- 1 Karotte
- 4 Blatt Schinken
- 4 EL Mais aus dem Glas, abgetropft

Zubereitung:

Die Wrap-Tortillas nach Packungsanleitung aufwärmen. Topfen mit gehackten Kräutern, Salz, Pfeffer und Milch glattrühren. Salat waschen und in feine Streifen schneiden, Karotte raspeln und die Schinkenblätter in Streifen schneiden.

Wraps mit Kräutertopfen bestreichen, dabei einen ca. 2 cm breiten Rand freilassen. Auf dem Topfen Salatstreifen, Karotte, Mais und Schinken verteilen. Die Wraps fest einrollen, jeweils in der Mitte schräg in Hälften schneiden und am besten in Butterpapier oder eine feste Papierserviette einwickeln.

TIPPS:

- Wechseln Sie bei den Gemüse- und Salatsorten ab!
- Die Wraps eignen sich gut, um Gemüsereste zu verwerten.

SÜSSKARTOFFELMUFFINS

Zutaten für 12 Stück:

Teig

- 300 g geschälte Süßkartoffeln
- ½ EL Olivenöl
- 250 g Dinkelmehl
- Salz
- 1 TL Backpulver
- 1 Msp. gemahlener Kreuzkümmel
- 1 Msp. gemahlener Koriander
- 150 ml Wasser
- 130 ml Olivenöl

Zum Bestreuen

- 1 EL Kürbiskerne
- 1 EL Sonnenblumenkerne

Zubereitung:

Die Süßkartoffeln würfeln und in einer Schüssel mit ½ EL Olivenöl vermischen. Auf einem mit Backpapier ausgelegten Backblech verteilen und 15–20 Minuten backen, bis sie weich sind. Das Backrohr auf 160° C vorheizen (Heißluft).

Die Süßkartoffeln etwas überkühlen lassen und mit einer Gabel zu Püree zerdrücken. Alle Zutaten für den Teig in einer Schüssel vermischen. Ein Muffinblech mit Papierförmchen auslegen und die Masse einfüllen. Mit Kürbis- und Sonnenblumenkernen bestreuen, die Kerne leicht andrücken. Die Muffins ca. 25 Minuten backen.

GRÜNSPARGELSALAT MIT FETA UND HIRSE

Zutaten für 2 Portionen:

- ¼ l Gemüsebrühe
- 140 g Hirse
- ¼ kg grüner Spargel
- 1 Prise Zucker
- 75 g Feta
- 1 Karotte (Möhre)
- Salz, Pfeffer
- 2 EL Olivenöl

Zubereitung:

Gemüsebrühe aufkochen. Hirse in einem Sieb heiß abspülen, abtropfen lassen und in die kochende Suppe geben. Bei kleiner Hitze zugedeckt ca. 15 Minuten garen.

In der Zwischenzeit beim Spargel holzige Enden abschneiden und das untere Drittel der Spargelstangen schälen. Den Spargel in 2 cm lange Stücke schneiden und in wenig gesalzenem Wasser mit einer Prise Zucker weich dünsten.

Den Käse würfeln und mit der geraspelten Karotte mischen. Die Hirse in eine Schüssel geben, mit einer Gabel auflockern, ev. etwas salzen und pfeffern und die Spargelstücke untermischen. Auf Tellern anrichten, die Feta-Karotten-Mischung darüber geben und mit Olivenöl beträufeln.

OFENERDÄPFEL MIT JOGHURTDIP

Zutaten für 2 Portionen:

- 4 mehlige Erdäpfel
- 20 g Butterflocken
- Salz, Pfeffer
- 4 EL Joghurt
- 1 EL Sauerrahm (saure Sahne)
- Schnittlauch
- Petersilie

Zubereitung:

Das Backrohr auf 200° C vorheizen (Heißluft). Die Erdäpfel in Längsrichtung mit einem scharfen Messer einschneiden. Die Butterflocken in die Einschnitte geben, salzen und pfeffern. Die Erdäpfel einzeln in Alufolie wickeln, auf ein Backblech legen und 40 Minuten backen.

Joghurt mit Sauerrahm glattrühren, Schnittlauch und Petersilie fein hacken, unterrühren und mit etwas Salz und Pfeffer abschmecken. Die Erdäpfel auf vorgewärmten Tellern anrichten und die Alufolie vorsichtig öffnen. Den Joghurtdip auf den Erdäpfeln verteilen.

TIPPS:

- Genießen Sie dazu frischen Blattsalat, z. B. Häuptel- oder Vogerlsalat (Feldsalat)!
- Wenn Sie Knoblauch mögen und vertragen, passt eine kleine gepresste Zehe gut in den Joghurtdip!

ZUCCHINI-MOZZARELLA-RÖLLCHEN

Zutaten für 2 Portionen à 3 Stück:

- 2 kleine bis mittelgroße Zucchini
- Olivenöl zum Braten
- 250 g Mozzarella
- 4 Blatt Schinken
- Salz
- Petersilie
- Frische Salbei- oder Basilikumblätter

Zubereitung:

Zucchini waschen, putzen und der Länge nach in jeweils 6 Scheiben schneiden. Das geht am besten mit einer Schneidmaschine oder mit einem Gurkenhobel. Eine Pfanne erhitzen, mit Olivenöl ausstreichen und die Zucchinischnitten auf beiden Seiten langsam hell anbraten. Die Schnitten sollten weich werden, damit sie nachher gerollt werden können.

Das Gemüse aus der Pfanne nehmen und auf Küchenpapier abtropfen und auskühlen lassen.

Mozzarella in 12 Scheiben schneiden, Schinkenblätter auf 12 Portionen aufteilen.

Die Zucchinischnitten leicht salzen und mit gehackter Petersilie bestreuen. Jede Schnitte mit je einer Scheibe Mozzarella und Schinken belegen und etwas Salbei und Basilikum darauf verteilen. Die Schnitten von der Längsseite her einrollen und mit einem kleinen Holzspieß oder Zahnstocher fixieren.

TIPP: Verwenden Sie einen grünen und einen gelben Zucchino – dann wird's bunter!

NUDELSALAT

Zutaten für 2 Portionen:

80–100 g Teigwaren (Spiralen, Hörnchen)
100 g Zucchini
2 Blatt Schinken
4 Blatt Schnittkäse
2 Essiggurkerln

Dressing

2 EL Joghurt
1 EL Sauerrahm (saure Sahne)
2 EL Apfelessig
1 Spritzer Zitronensaft
1 Msp. Senf
Salz, Pfeffer
Petersilie oder Schnittlauch
1 EL Rapsöl

Zubereitung:

Nudeln in ausreichend Wasser bissfest kochen, danach kalt abschwemmen. Zucchini waschen und würfeln. Schinken und Käse in Streifen schneiden, Gurkerln würfeln und mit den Nudeln vermischen.

Für das Dressing alle Zutaten vermischen und glattrühren. Das Dressing in den Nudelsalat geben, gut durchmischen und für ca. 20 Minuten ziehen lassen. Vor dem Anrichten mit frisch gehackten Kräutern bestreuen.

TIPPS:

- Schneiden Sie ein paar Blätter Blattsalat und richten Sie den Nudelsalat darauf an.
- Der Nudelsalat eignet sich gut, um Gemüse-, Käse- und Nudelreste zu verwerten.

SUPPEN

SPINATSCHÖBERLSUPPE

Zutaten für 4 Portionen:

Etwas Rapsöl

Etwas Mehl für die Auflaufform (alternativ Backpapier)

80 g glattes, gesiebtes Mehl

100 g Spinat, frisch oder tiefgekühlt (aufgetaut)

2 Eier (Zimmertemperatur)

40 g weiche Butter

Salz

1 Msp. gemahlene Muskatnuss

Zubereitung:

Backrohr auf 160° C vorheizen (Heißluft). Auflaufform mit etwas Öl ausstreichen und mit Mehl ausstreuen; alternativ Backpapier in die Form legen. Frischen Spinat kurz blanchieren, kalt abschrecken und abtropfen lassen. Blanchierten oder aufgetauten Spinat fein hacken.

Eier trennen, Eiklar steif schlagen. Eidotter mit Butter cremig aufschlagen, den Spinat dazugeben und mit Salz und Muskat würzen. Abwechselnd Schnee und Mehl vorsichtig unterheben. Die Masse fingerdick in die vorbereitete Auflaufform füllen, glattstreichen und ca. 15 Minuten backen. Aus dem Rohr nehmen, auskühlen lassen und in beliebige Formen schneiden oder ausstechen. Die Schöberln mit Gemüsesuppe anrichten und mit frischer Petersilie garnieren.

TIPPS:

- Bereiten Sie die doppelte Menge zu und frieren Sie die restlichen Schöberln nach dem Abkühlen portionsweise ein – dann haben Sie bei Bedarf eine schnelle Suppeneinlage.
- Die tiefgekühlten Schöberln auftauen lassen und in die heiße Suppe geben.
- Ersetzen Sie den Spinat durch Bärlauch, wenn Sie ihn vertragen und den Geschmack mögen. Auch Brennnesselblätter oder Mangold eignen sich gut.

HAFERFLOCKENSUPPE

Zutaten für 2 Portionen:

1 kleine gelbe Rübe

1 Karotte (Möhre)

1 EL Rapsöl

30 g Feinblatt-Haferflocken

½ l Wasser

Salz, Pfeffer

Petersilie

Zubereitung:

Wurzelgemüse waschen, schälen und fein raspeln. Suppentopf mit Öl erhitzen, die Haferflocken hell rösten, dann das Gemüse dazugeben und kurz weiterrösten. Mit Wasser aufgießen und aufkochen lassen. Mit Salz und Pfeffer abschmecken und vor dem Anrichten mit Peterslilie garnieren.

GRIESSNOCKERLN

Zutaten für 4 Portionen:

- 50 g weiche Butter
- 1 Ei
- 110 g Weizengrieß
- Salz
- 1 Msp. gemahlene Muskatnuss
- 600 ml Gemüsesuppe
- Schnittlauch oder Petersilie

Zubereitung:

Butter sehr schaumig rühren. Das Ei gut verrühren und nach und nach in die aufgeschlagene Butter einrühren. Grieß, Salz und Muskatnuss unterrühren und die Masse dann eine Viertelstunde rasten lassen. Salzwasser aufkochen, es soll schwach wallen. Mit zwei Kaffeelöffeln Nockerln formen, in das Kochwasser einlegen und ca. 8 Minuten garen. Den Topf vom Herd ziehen, die Nockerln zugedeckt 10 Minuten im Wasser ziehen lassen. Gemüsesuppe in Tellern anrichten und Grießnockerln einlegen. Mit Schnittlauch oder Petersilie garnieren.

TIPPS:

- Legen Sie die geformten Nockerln auf ein kleines, kältebeständiges Tablett und frieren Sie die nicht benötigten Nockerln ein. Am nächsten Tag die Nockerln portionsweise in Säckchen geben.
- Wenn Sie die tiefgekühlten Nockerln verwenden möchten, legen Sie sie direkt aus dem Tiefkühler in schwach wallendes Salzwasser ein und lassen Sie sie 15 Minuten leicht köcheln. Danach den Topf vom Herd ziehen und weitere 10 Minuten zugedeckt ziehen lassen.

BROTSUPPE MIT MARKTKRÄUTERN

Zutaten für 2 Portionen:

- 40 g trockenes Schwarzbrot oder Roggenbrot
- 1 EL frische Kräuter vom Markt (z. B. Brennnesseln, Gänseblümchen, Löwenzahn ...)
- 1 EL Rapsöl
- ½ l Gemüsesuppe
- Salz, Pfeffer
- 1 EL Sauerrahm (saure Sahne)

Zubereitung:

Brot in kleine Würfel schneiden, Kräuter fein hacken. Brotwürfel in etwas Öl kurz anrösten und mit Gemüsesuppe ablöschen. Suppe aufkochen lassen und mit Salz und Pfeffer abschmecken. Die Hälfte der gehackten Kräuter und den Sauerrahm unterrühren. Die Suppe in Tellern anrichten und mit den restlichen Kräutern garnieren.

KAROTTENSUPPE (MÖHRENSUPPE)

Zutaten für 2 Portionen:

- 2 mittelgroße Karotten (Möhren)
- 2 kleine Petersilwurzeln
- 1 EL Rapsöl
- 1 El glattes Mehl
- ½ l Gemüsesuppe
- Salz
- Petersilie

Zubereitung:
Wurzelgemüse waschen, schälen und grob schneiden. Einen Topf mit Öl erhitzen und das Gemüse leicht rösten. Mit Mehl stauben und mit Gemüsesuppe aufgießen. Gut verkochen lassen, mit Salz abschmecken und die Suppe bei Bedarf pürieren. In Tellern anrichten und mit Petersilie garnieren.

ZUCCHINISUPPE MIT REIS

Zutaten für 2 Portionen:

- 40 g Langkornreis
- 200 g Zucchini
- 1 EL Rapsöl
- ½ l Gemüsesuppe
- Salz, Pfeffer
- Mediterrane Kräuter (Basilikum, Thymian, Oregano)

Zubereitung:
Reis in einem Sieb mit Wasser abspülen und abtropfen lassen. Zucchini waschen und in kleine Würfel schneiden. Einen Topf mit Öl erhitzen, Zucchini hell anschwitzen, dann den Reis dazugeben und weiter anschwitzen. Mit Gemüsesuppe aufgießen und die Suppe sanft köcheln lassen, bis der Reis weich ist. Salzen, pfeffern, in Tellern anrichten und mit Kräutern garnieren.

GEMÜSESUPPE MIT HIRSE

Zutaten für 2 Portionen:

- 70 g Hirse
- 150 g Wurzelgemüse
- 1 EL Rapsöl
- ½ l Gemüsesuppe
- Salz
- 1 Msp. gemahlene Muskatnuss
- Petersilie oder Kerbel

Zubereitung:
Hirse in einem Sieb heiß abspülen und abtropfen lassen. Wurzelgemüse schälen und raspeln. Eine Pfanne mit Öl erhitzen und das Gemüse hell anschwitzen. Hirse dazugeben und kurz mitschwitzen. Mit Gemüsesuppe aufgießen, mit Salz und Muskat würzen und ca. 15 Minuten köcheln lassen. Die Suppe in Tellern anrichten und mit Petersilie oder Kerbel garnieren.

ERDÄPFELSUPPE

Zutaten für 2 Portionen:

- 1/4 kg mehlige Erdäpfel
- 2 Karotten (Möhren)
- 1 EL Rapsöl
- 1/2 l Gemüsesuppe
- 1 Msp. gemahlene Muskatnuss
- Majoran
- Kümmel
- 1 kleines Lorbeerblatt
- Salz
- 2 TL Sauerrahm (saure Sahne)
- Petersilie oder Kerbel

Zubereitung:
Erdäpfel und Karotten waschen, schälen und in Würfel schneiden. Einen Topf mit Öl erhitzen und das Gemüse hell anrösten. Mit Gemüsesuppe aufgießen, Muskat, Majoran, Kümmel und ein Lorbeerblatt dazugeben und ca. 15 Minuten kochen. Mit Salz abschmecken und zum Schluss den Sauerrahm einrühren. Lorbeerblatt entfernen und die Suppe in Tellern anrichten. Mit Petersilie oder Kerbel garnieren.

SPINAT-MINZ-KNÖDEL (SPINAT-MINZ-KLÖSSE)

Zutaten für 2 Portionen:

- 100 g Blattspinat, frisch oder tiefgekühlt
- 30 g Grieß
- 125 g Magertopfen (Magerquark)
- 1 Ei
- 1 Eidotter
- 1 EL geriebener Parmesan
- Salz
- 1 Msp. gemahlene Muskatnuss
- Frische oder getrocknete Minze
- 1/2 l Gemüsesuppe

Zubereitung:
Frischen Blattspinat kurz blanchieren, kalt abschrecken und abtropfen lassen. Blanchierten oder tiefgekühlten Blattspinat fein hacken. Grieß, Topfen, Ei und Dotter in einer Schüssel glattrühren, Blattspinat und Parmesan dazugeben. Die Masse mit Salz und Muskat würzen und gut verrühren. Für eine Stunde rasten lassen.

Gesalzenes Wasser aufkochen. Aus der Masse kleine Knödel formen und im Dampfgarer oder in schwach wallendem Wasser für ca. 8 Minuten garen. Die Gemüsesuppe in Tellern anrichten, die gekochten Knödel einlegen und mit Minze garnieren.

DINKELSUPPE

Zutaten für 2 Portionen:

- 150 g Wurzelgemüse (Karotten/Möhren, Rüben, Petersilwurzel, Pastinake)
- 1 EL Rapsöl
- 30 g Feinblatt-Dinkelflocken
- ½ l Wasser
- Salz
- Petersilie oder Kerbel

Zubereitung:

Wurzelgemüse waschen, schälen und in Würfel schneiden. Einen Topf mit Öl erhitzen, die Dinkelflocken kurz anschwitzen, die Gemüsewürfel dazugeben und hell anrösten. Mit Wasser ablöschen, gut verkochen lassen und salzen. Die Suppe in Tellern anrichten und mit Petersilie oder Kerbel garnieren.

GEFÜLLTE FRITTATEN

Zutaten für 4 Portionen:

Palatschinken (Pfannkuchen)

- 80 g glattes Mehl
- ⅛ l Milch
- 1 Ei
- 1 EL gehackte Petersilie
- Salz
- Rapsöl für die Pfanne

Füllung

- 1 EL Rapsöl
- 120 g Wurzelgemüse
- 120 g mageres Faschiertes
- ⅛ l Gemüsesuppe
- Salz, Pfeffer
- 1 EL gehackte Petersilie
- 1 Ei

- 1 l Gemüsesuppe

Zubereitung:

Mehl, Milch, Ei, Petersilie und Salz glattrühren. Den Teig einige Minuten stehen lassen. In der Zwischenzeit Wurzelgemüse waschen, schälen und raspeln.

Danach Palatschinken (Pfannkuchen) mit wenig Öl in einer Pfanne herausbacken. Nach der letzten Palatschinke darin die Gemüsewürfel hell anrösten, das Faschierte dazugeben, mitrösten und mit Gemüsesuppe aufgießen. Mit Salz, Pfeffer und Petersilie abschmecken. Die Pfanne vom Herd ziehen und nach dem Überkühlen das Ei in die Masse mischen.

Die Fülle gleichmäßig auf den Palatschinken verteilen, einrollen und einzeln in eine kochfeste Folie oder Alufolie wickeln. Im Dampfgarer oder im kochenden Wasser 20 Minuten garen. Danach etwas überkühlen lassen, auswickeln und in 3 cm breite Scheiben schneiden. Die Gemüsesuppe in Tellern anrichten, die gefüllten Frittaten einlegen und mit Petersilie garnieren.

TIPPS:

- Machen Sie die doppelte Menge – die gefüllten Palatschinken lassen sich gut einfrieren.
- Für eine vegetarische Variante lassen Sie das Faschierte weg. Nehmen Sie die doppelte Menge Gemüse und geben Sie nach dem Abkühlen neben dem Ei auch 2 EL geriebenen Käse in die Masse.

SELLERIESUPPE

Zutaten für 2 Portionen:

- ½ mittelgroße Sellerieknolle (300 g)
- 1 mehliger Erdapfel (Kartoffel)
- 1 EL Rapsöl
- 2 EL glattes Mehl
- 1 kleines Lorbeerblatt
- Salz
- Petersilie oder Kerbel

Zubereitung:

Sellerie und Erdapfel waschen, schälen und in Würfel schneiden. Das Gemüse in Öl anschwitzen, mit Mehl stauben, mit Wasser aufgießen und das Lorbeerblatt dazugeben. Die Suppe kochen, bis das Gemüse weich ist, dann mit Salz abschmecken. Lorbeerblatt entfernen, die Suppe in Tellern anrichten und mit frischer Petersilie oder Kerbel garnieren.

EINTÖPFE UND BOWLS

SÜSSKARTOFFEL-KÜRBIS-EINTOPF

Zutaten für 2 Portionen:

- ½ rote Zwiebel
- 1 EL Rapsöl
- 200 g Hokkaido-Kürbis, geschält und gewürfelt
- 200 g Süßkartoffeln, geschält und gewürfelt
- Salz, Pfeffer
- Einige Koriandersamen oder 1 Msp. gemahlener Koriander
- 250 ml Gemüsebrühe
- 1 Prise Curry

Zubereitung:

Zwiebel schälen, fein würfeln und in Rapsöl leicht dünsten. Kürbis und Süßkartoffeln dazugeben. Mit Salz, Pfeffer und Koriander würzen, mit Gemüsebrühe aufgießen und leicht köcheln lassen, bis der Kürbis verkocht und etwas Bindung gibt. Für eine pikantere Note evtl. etwas Curry dazugeben. In Bowls oder in Tellern anrichten.

TIPPS:

- Zwiebel ist nicht immer gut verträglich. Sie können den Eintopf auch ohne Zwiebel zubereiten: Schwitzen Sie Kürbis und Süßkartoffel in etwas Öl an.
- Zum Eintopf passt sehr gut eine Portion Blattsalat, z. B. Friséesalat oder Asia Leaves!

DINKELEINTOPF MIT GEMÜSE

Zutaten für 2 Portionen:

- 100 g Dinkelreis
- 150 g Karotten (Möhren)
- 150 g Knollensellerie
- 1 mehliger Erdapfel (Kartoffel)
- 1 EL Rapsöl
- ¼ l Gemüsebrühe
- Salz, Pfeffer
- 1 Msp. gemahlene Muskatnuss
- Petersilie

Zubereitung:

Dinkelreis im Sieb waschen und abtropfen lassen. Karotten, Knollensellerie und Erdäpfel schälen und in kleine Würfel schneiden.

Rapsöl erhitzen und die gewürfelten Gemüsesorten glasig dünsten. Den Dinkelreis kurz mitdünsten, anschließend mit Gemüsebrühe aufgießen und für ca. 30 Minuten leicht köcheln lassen, bis er weich ist. Mit Salz, Pfeffer und Muskat würzen. In Bowls oder in Tellern anrichten und mit Petersilie bestreuen.

TIPPS:

- Variieren Sie bei den Gemüsesorten! Der Eintopf eignet sich gut zum Verkochen von Gemüseresten.
- Gut gegartes Gemüse und Getreide sind besser verträglich als bissfest zubereitete Gerichte.
- Zum Eintopf passt grüner Blattsalat sehr gut!

KÜRBIS-ERDÄPFEL-EINTOPF MIT ZANDER (KÜRBIS-KARTOFFEL-EINTOPF MIT ZANDER)

Zutaten für 2 Portionen:

- 1/4 kg festkochende Erdäpfel (Kartoffeln)
- 1/4 kg Hokkaido-Kürbis
- 1 Fenchelknolle
- 1 EL Rapsöl
- 1/4 l Gemüsesuppe
- 1 kleines Lorbeerblatt
- Salz, Pfeffer
- 1 Gewürznelke
- 2 Zanderfilets (à 100 g)
- 1 Spritzer Zitronensaft
- 1 Msp. geriebene Zitronenschale (unbehandelte Frucht)

Zubereitung:

Erdäpfel und Kürbis waschen, schälen und in größere Würfel schneiden. Fenchel putzen und in feine Streifen schneiden. Einen Topf mit Öl erhitzen, Erdäpfel und Kürbis hell anrösten, mit Suppe ablöschen. Lorbeerblatt, Salz, Pfeffer und eine Gewürznelke dazugeben und ca. 10 Minuten dünsten.

Die Fischfilets in Streifen schneiden, mit Zitronensaft beträufeln und salzen. Gemeinsam mit dem Fenchel und der Zitronenschale in den Eintopf geben und weitere 5 Minuten bei schwacher Hitze garen. Lorbeerblatt und Gewürznelke entfernen und den Eintopf in Tellern anrichten. Mit Fenchelgrün dekorieren.

TIPP: Dazu passt eine Portion Salat, z. B. Friséesalat.

ONE-POT MIT PUTE, SPINAT UND REIS

Zutaten für 2 Portionen:

- 125 g Langkornreis
- 200 g Putenfleisch (ohne Haut)
- Salz, Pfeffer
- 1 EL Olivenöl
- 2 Karotten (Möhren)
- 200 g stückige Paradeiser (Tomaten) (Tetrapack)
- 400 ml Hühnerbrühe oder Gemüsesuppe
- 125 g gewaschener und abgetropfter Babyspinat
- Thymian, Oregano

Zubereitung:

Den Reis in ein Sieb geben, mit Wasser abspülen und abtropfen lassen. Putenfleisch in Würfel schneiden, salzen und pfeffern und in einem Topf mit Olivenöl langsam anbraten. Karotten schälen, in Scheiben schneiden, zum Fleisch geben und anschwitzen. Reis, Tomaten und Suppe dazugeben und ca. 25 Minuten sanft köcheln lassen, bis die Flüssigkeit fast vollständig aufgesogen ist. Immer wieder umrühren.

Gegen Ende der Garzeit den Spinat, Thymian und Oregano unterrühren. Abschmecken und in Tellern oder Bowls anrichten. Mit einem Thymianzweig garnieren.

TIPPS:

- Dazu passt eine Portion Salat, z. B. Häuptel- oder Endiviensalat!
- Probieren Sie das Gericht mit Vollkornreis. Durch die Tomaten und den Spinat fällt die Farbe von Vollkornreis weniger auf.

COUSCOUS-BOWL MIT MINZJOGHURT

Zutaten für 2 Portionen:

- 160 g Couscous
- 300 ml Gemüsebrühe
- 1 Msp. gemahlener Zimt
- 1 Msp. gemahlener Kreuzkümmel
- 1 Msp. gemahlene Kurkuma
- 4 EL Olivenöl
- 200 g geraspelte Karotten (Möhren)
- 250 g gerührtes Joghurt
- 1 Spritzer Zitronensaft
- Salz, Pfeffer
- Einige Minzeblätter

Zubereitung:
Couscous in die kochende Gemüsebrühe einrühren, Topf vom Herd ziehen und zugedeckt ca. 10 Minuten quellen lassen. Danach den Couscous mit einer Gabel lockern, die Gewürze und das Olivenöl dazugeben und bei Bedarf etwas salzen. In Bowls anrichten und die geraspelte Karotte darauf verteilen. Joghurt mit Zitronensaft, etwas Salz, Pfeffer und gehackter Minze glattrühren und zum Couscous servieren.

TIPP: Dazu passt eine Portion Salat, z. B. Asia Leaves.

ERDÄPFELEINTOPF (KARTOFFELEINTOPF)

Zutaten für 2 Portionen:

- ½ Zwiebel
- ½ kg festkochende Erdäpfel (Kartoffeln)
- 1½ EL Olivenöl
- 200 g stückige Paradeiser (Tomaten) (Tetrapack)
- ½ l Gemüsebrühe
- 1 Msp. gemahlener Kümmel
- Salz, Pfeffer
- 2 TL Sauerrahm (saure Sahne)
- Petersilie

Zubereitung:
Zwiebeln schälen und feinwürfelig schneiden. Erdäpfel waschen, schälen und in ca. 3 cm große Würfel schneiden. Zwiebel in Öl leicht andünsten. Erdäpfel zugeben und 3 Minuten mitdünsten.

Mit Tomaten und Gemüsebrühe aufgießen, mit Kümmel, Salz und Pfeffer würzen und ca. 30 Minuten bei kleiner Hitze köcheln lassen, dabei ab und zu umrühren. Den Eintopf fertig abschmecken und in Tellern anrichten. Mit einem Klecks Sauerrahm und fein gehackter Petersilie garnieren.

TIPPS:

- Zwiebel ist nicht immer gut verträglich. Sie können den Eintopf auch ohne Zwiebel zubereiten: Schwitzen Sie die Erdäpfel in etwas Öl an.
- Zum Eintopf passt Eisberg- oder Endiviensalat sehr gut!

BAUERNEINTOPF

Zutaten für 2 Portionen:

- ½ Zwiebel
- 1 EL Rapsöl
- 150 g Karotten (Möhren)
- 75 g Sellerie
- Salz, Pfeffer
- Kümmel
- 1½ EL Tomatenmark
- 1 Essiggurkerl
- Suppe zum Aufgießen
- 250 g Erdäpfel (Kartoffeln)
- 10 g geräucherter Schinken
- Petersilie

Zubereitung:

Zwiebel fein hacken und in Rapsöl glasig dünsten. Karotten und Sellerie würfelig schneiden und kurz mitrösten. Gewürze, Tomatenmark und kleingeschnittene Essiggurke dazugeben. Mit Suppe aufgießen, würfelig geschnittene Erdäpfel und Schinken hinzufügen. Leicht köcheln lassen, bis alles gar ist. Mit fein gehackter Petersilie bestreuen.

TIPPS:

- Zwiebel ist nicht immer gut verträglich. Sie können den Eintopf auch ohne Zwiebel zubereiten: Schwitzen Sie Sellerie und Karotten in etwas Rapsöl an.
- Zum Eintopf passt Häuptelsalat sehr gut.

ONE-POT MIT GEMÜSE UND HUHN

Zutaten für 2 Portionen:

- 200 g Zucchini
- 200 g Wurzelgemüse (Sellerie, Gelbwurzeln, Karotten/Möhren ...)
- 200 g Hühnerfleisch ohne Haut
- 1 EL Rapsöl
- 200 g Paradeiser (Tomaten) (frisch oder Tetrapack)
- 350 ml Gemüsebrühe
- Basilikum, frisch oder getrocknet
- Oregano, frisch oder getrocknet
- Salz
- Petersilie

Zubereitung:

Gemüse waschen und in Streifen oder Würfel schneiden. Fleisch würfelig schneiden und gemeinsam mit dem Gemüse in Öl anbraten. Tomaten und Gemüsebrühe dazugeben, würzen und bei kleiner Hitze köcheln lassen. In Tellern anrichten und mit Petersilienblättern dekorieren.

TIPPS:

- Genießen Sie das Gericht mit Reis oder Nudeln.
- Alternativ schneiden Sie altbackenes Brot oder Gebäck in Scheiben und rösten es hell an.
- Dazu passt sehr gut Blattsalat!

KÜRBIS-BOWL

Zutaten für 2 Portionen:

- ¼ kg festkochende Erdäpfel (Kartoffeln)
- ¼ kg Hokkaidokürbis
- 1 Apfel
- 1 TL Rapsöl
- Salz, Pfeffer
- 1 Msp. getrockneter Thymian
- 50 g Vogerlsalat (Feldsalat)
- 1 TL gemischte Kräuter (Petersilie, Dill ...)
- 4 EL Joghurt
- 1 Spritzer Zitronensaft
- 1 EL Leinöl

Zubereitung:

Erdäpfel in der Schale dämpfen. Kürbis in Scheiben, den Apfel in Spalten schneiden. Kürbisscheiben bei mittlerer Hitze in Rapsöl einige Minuten andünsten. Apfelspalten zugeben und kurz mitdünsten. Mit Salz, Pfeffer und Thymian würzen. Aus der Pfanne nehmen und beiseitestellen.

Vogerlsalat waschen, gedämpfte Erdäpfel schälen und vierteln. Für die Sauce Kräuter waschen, trockenschütteln und hacken. Joghurt mit Kräutern, Zitronensaft und Leinöl verrühren und mit Salz und Pfeffer abschmecken. Erdäpfel in einer Bowl anrichten, Kürbis-Apfel-Mischung darauf geben, mit Feldsalat und dem Joghurtdressing toppen.

TIPPS:

- Die Kombination aus Erdäpfeln und Kürbis schmeckt auch mit einer Birne sehr gut!
- Zur besseren Verträglichkeit schälen Sie das Obst.

ERDÄPFEL-BOWL MIT SPARGEL (KARTOFFEL-BOWL MIT SPARGEL)

Zutaten für 2 Portionen:

- 400 g festkochende Erdäpfel (Kartoffeln)
- 1 Handvoll Blattspinat
- 4 Stangen weißer Spargel
- 1 EL Rapsöl
- Salz, Pfeffer
- Etwas Wasser oder Gemüsebrühe
- 1 Spritzer Zitronensaft
- 1 EL Sauerrahm (saure Sahne)
- 2 EL Joghurt
- ½ TL Senf

Zubereitung:

Erdäpfel in der Schale dämpfen. Blattspinat putzen, grobe Stiele entfernen und waschen. Spargel schälen, holzige Enden abschneiden und in daumendicke Stücke schneiden.

1 TL Öl in einer Pfanne erhitzen, Blattspinat darin bei mittlerer Hitze andünsten, mit Salz und etwas Pfeffer würzen. Im restlichen Öl die Spargelstücke von allen Seiten bei mittlerer Hitze anschwitzen, mit etwas Wasser oder Gemüsebrühe angießen und bis zur gewünschten Konsistenz dünsten. Mit Salz und Pfeffer würzen und mit etwas Zitronensaft beträufeln.

Für die Sauce Sauerrahm, Joghurt, Senf, Salz, etwas Pfeffer und Zitronensaft verrühren. Gedämpfte Erdäpfel schälen und vierteln, Spinat und Spargel in Bowls anrichten und mit dem Joghurtdip übergießen.

TIPP: Anstelle von Blattspinat eignen sich auch Mangold oder Pak Choi!

VEGETARISCHE GERICHTE

GEMÜSE-WOK

Zutaten für 2 Portionen:

- 1 Frühlingszwiebel
- ½ Brokkoli
- 1 kleinen bis mittleren Zucchino
- 1 Karotte (Möhre)
- 1 EL Rapsöl
- 2 EL Mais aus dem Glas, abgetropft
- 4 EL Gemüsebrühe
- 2 EL Frischkäse
- Salz
- 2 TL Sonnenblumenkerne

Zubereitung:

Frühlingszwiebel, Brokkoli, Zucchino und Karotte putzen, waschen und klein schneiden. Rapsöl in einem Wok oder einer großen Pfanne erhitzen. Frühlingszwiebel darin kurz andünsten, danach Karotten und Brokkoli dazugeben und einige Minuten mitdünsten. Zum Schluss Zucchino und Mais hinzufügen und mit etwas Gemüsebrühe ablöschen. Einige Minuten köcheln lassen, dann salzen und Frischkäse unterrühren. In Tellern anrichten und mit Sonnenblumenkernen bestreuen.

TIPPS:

- Genießen Sie Reis dazu.
- Das Wok-Gemüse eignet sich auch sehr gut als Sauce für Pasta.

PIKANTE HIRSELAIBCHEN

Zutaten für 2 Portionen:

- 65 g Hirse
- 180 ml Gemüsebrühe
- 1 mittlere Karotte (Möhre)
- 1 mittlerer Apfel
- ½ Zwiebel
- 1 Ei
- 2 EL geriebener Schnittkäse
- Salz, Pfeffer
- 1 Msp. gemahlener Kümmel
- 1 EL Rapsöl

Zubereitung:

Hirse in einem Sieb mit Wasser abspülen und abtropfen lassen. Gemüsebrühe aufkochen, Hirse dazugeben und garkochen. Den Topf vom Herd ziehen und zugedeckt nachquellen lassen.

Karotte und Apfel schälen und fein raspeln, Zwiebel fein schneiden. Hirse in eine Schüssel geben und mit einem Kochlöffel auflockern. Karotten, Apfel, Zwiebel, Ei, Käse und Gewürze dazugeben und mit den Händen vermischen.

Aus der Masse Laibchen formen, in Rapsöl anbraten, bis sie etwas Farbe bekommen; anschließend auf ein mit Backpapier ausgelegtes Backblech legen und im vorgeheizten Backrohr bei 160° C (Heißluft) fertig garen. Auf Tellern anrichten und mit Salat servieren.

TIPP: Dazu passt sehr gut eine Portion Vogerlsalat (Feldsalat) mit Apfelessig und Kürbiskernöl!

SPINAT-PALATSCHINKEN-TARTE (SPINAT-PFANNKUCHEN-TARTE)

Zutaten für 1 Tarte- oder Springform:

Palatschinken (Pfannkuchen)

- 150 g Weizen- oder Dinkelmehl
- 1/4 l Milch
- 1 Prise Salz
- 2 Eier

Fülle

- 1/2 kg Blattspinat, frisch oder tiefgekühlt
- 200 ml Milch
- 4 Eier
- 1 Msp. gemahlene Muskatnuss
- Salz, Pfeffer
- Rapsöl für die Palatschinken und für die Form

Zubereitung:

Für die Palatschinken Mehl mit Milch, Salz und 2 Eiern verrühren und 15 Minuten ruhen lassen. In der Zwischenzeit Blattspinat putzen, grobe Stiele entfernen, waschen und anschließend kurz dämpfen, bis er zusammenfällt (alternativ verwenden Sie tiefgekühlten, passierten Spinat).

Spinat mit Milch, Eiern, Muskat, Salz und Pfeffer im Mixer pürieren. Wenn Sie tiefgekühlten, passierten Spinat verwenden, reicht es, wenn Sie die Zutaten gut mit einem Schneebesen verrühren.

Etwas Rapsöl in einer Pfanne erhitzen und Palatschinken goldgelb ausbacken. Eine höhere Tarteform (alternativ eine Auflaufform oder eine Springform) mit Rapsöl ausstreichen. Eine Palatschinke hineinlegen und mit Spinatmasse bestreichen. Abwechselnd wieder eine Palatschinke und Spinatmasse hineingeben; die oberste Schicht sollte Spinatmasse sein. Die befüllte Form in das vorgeheizte Backrohr stellen (Heißluft, 160° C) und ca. 40 Minuten backen. Aus dem Rohr geben, in (Torten-)Stücke schneiden und auf Tellern anrichten.

TIPPS:

- Das Gericht schmeckt auch gut mit Mangold anstelle von Spinat.
- Zur pikanten Tarte passt Lollo rosso oder fein geschnittener Radicchio-Salat!

POLENTA-PIZZA (MAISGRIESS-PIZZA)

Zutaten für 2 Portionen:

- 90 g Polenta (Maisgrieß)
- 4 EL Pesto (aus dem Glas)
- 8 Cocktailtomaten
- 125 g Mozzarella
- Salz, Pfeffer
- Basilikumblätter

Zubereitung:

Backofen auf 200° C vorheizen. In einem Topf 330 ml leicht gesalzenes Wasser aufkochen und Polenta einrieseln lassen. Aufkochen, vom Herd ziehen und zugedeckt nachquellen lassen, dabei öfter umrühren.

Polentamasse halbieren und auf einem mit Backpapier ausgelegten Backblech je einen Kreis formen. Mit Pesto bestreichen. Cocktailtomaten halbieren und mit Mozzarellascheiben auf dem Pesto verteilen. Etwas salzen und pfeffern und ca. 20 Minuten backen. Auf Tellern anrichten und mit Basilikum garnieren.

TIPP: Dazu passt sehr gut grüner Blattsalat mit Balsamico- oder Tomatenessig und Olivenöl!

PASTA MIT PASTINAKEN

Zutaten für 2 Portionen:

- 2 Pastinaken
- 4 Stängel Petersilie
- 8 Cocktailtomaten
- 160 g Spaghetti
- 1 EL Olivenöl
- Salz, Pfeffer
- 2 EL fein geschnittener Mozzarella

Zubereitung:

Pastinaken schälen und in kleine Würfel schneiden. Petersilienblätter fein hacken. Cocktailtomaten waschen und halbieren. Spaghetti nach Packungsanleitung in Salzwasser bissfest garen.

Öl in einer Pfanne erhitzen, Pastinakenwürfel darin bei mittlerer Hitze und unter Rühren einige Minuten anbraten, bis sie etwas Farbe bekommen. Petersilie und Cocktailtomaten dazugeben, salzen, pfeffern und durchschwenken.

Spaghetti abseihen und in Tellern anrichten, Pastinakengemüse auf den Nudeln verteilen und mit Mozzarella bestreuen.

TIPPS:

- Dazu passt sehr gut eine Portion grüner Blattsalat!
- Probieren Sie anstelle von Pastinaken auch einmal Fenchel!

NUDELAUFLAUF

Zutaten für 2 Portionen:

- 100 g Hörnchen, roh
- 150 g gemischtes Gemüse, geraffelt (z. B. Sellerie, Karotten/Möhren, Zucchini)
- 1 EL Rapsöl
- 1 EL Tomatenmark
- Salz, Pfeffer
- Thymian, frisch gerebelt oder getrocknet
- 25 g Pizzakäse, gerieben

Béchamel

- 20 g Weizenmehl
- 2 EL Rapsöl
- ¼ l Milch
- 1 Msp. gemahlene Muskatnuss
- Salz
- 1 Ei

Zubereitung:
Nudeln in Salzwasser bissfest kochen. Für die Béchamelsauce Mehl in Öl unter ständigem Rühren hell anschwitzen. Mit kalter Milch aufgießen und mit einem Schneebesen gut verrühren. Sauce ein paar Minuten köcheln lassen und mit etwas Salz und Muskat abschmecken. Vom Herd ziehen und abkühlen lassen.

Gemüse in einer Pfanne mit Öl andünsten, Tomatenmark, Salz, Pfeffer und Thymian dazugeben. Ei in die überkühlte Béchamel einrühren. Gekochte Nudeln, Gemüse und Béchamelsauce vermischen und in eine mit Öl ausgepinselte Auflaufform geben. Mit Käse bestreuen und im Backrohr bei 160° C (Heißluft) ca. 30 Minuten backen.

TIPP: Dazu passt sehr gut eine Portion Eisbergsalat!

ERDÄPFELLAIBCHEN (KARTOFFELLAIBCHEN)

Zutaten für 2 Portionen:

- ¼ kg mehlige Erdäpfel (Kartoffeln)
- 2 EL geriebener Gouda
- 2 EL Sauerrahm (saure Sahne)
- 1 Ei
- Salz, Pfeffer
- 1 EL Rapsöl
- Etwas Schnittlauch

Zubereitung:
Erdäpfel in der Schale dämpfen, schälen, abkühlen lassen und anschließend pressen. Geriebenen Käse beimengen. Salz, Pfeffer und Ei unterziehen und kurz zu einem geschmeidigen Teig kneten. Mit nassen Händen Laibchen formen und in der Pfanne in Öl braten, bis sie etwas Farbe bekommen. Die Laibchen auf ein mit Backpapier ausgelegtes Backblech geben und im Backrohr bei 160° C (Heißluft) fertig backen. Sauerrahm mit etwas Salz und Pfeffer glattrühren und mit fein geschnittenem Schnittlauch zu den Laibchen servieren.

TIPP: Dazu passt sehr gut eine Portion Eisbergsalat mit Apfelessig und Kürbiskernöl!

GEFÜLLTE ZUCCHINI

Zutaten für 2 Portionen:

- 2 kleine bis mittlere Zucchini
- ½ Zwiebel
- Etwas Olivenöl
- ¼ kg Blattspinat
- Salz, Pfeffer
- 1 Msp. gemahlene Muskatnuss
- 8 Cocktailtomaten
- 100 g Mozzarella

Zubereitung:

Den Backofen auf 160° C (Heißluft) vorheizen. Zucchini waschen, die Enden abschneiden und der Länge nach halbieren. Danach mit einem Löffel aushöhlen. Zwiebel in etwas Öl glasig andünsten, das gehackte Zucchinifleisch und den Spinat dazugeben und 2–3 Minuten weiter dünsten. Mit Salz, Pfeffer und Muskatnuss würzen.

Die Zucchinihälften mit der Masse füllen, die Cocktailtomaten halbieren und auf die Zucchini legen. Mozzarella blättrig schneiden und die Cocktailtomaten damit bedecken. Die gefüllten Zucchini im Rohr für ca. 20 Minuten überbacken.

TIPP: Dazu passt sehr gut eine Portion Radicchio-Salat!

SPINATKNÖDEL (SPINATKLÖSSE)

Zutaten für 2 Portionen:

- 150 g Semmelwürfel
- ¼ l Milch
- Salz
- 1 Msp. gemahlene Muskatnuss
- 1–2 EL glattes Mehl
- 150 g passierter Spinat (tiefgekühlt)
- 2 Eier
- 2 EL geriebener Schnittkäse
- Olivenöl

Zubereitung:

Semmelwürfel in einer Schüssel mit Milch übergießen, salzen und mit Muskat würzen, kurz durchmischen und einige Minuten ziehen lassen. Danach Mehl, aufgetauten Spinat und Eier untermengen. Mit nassen Händen Knödel formen, in schwach wallendes Salzwasser einlegen und ca. 10 Minuten ohne Deckel kochen lassen. Auf Tellern anrichten, mit Käse bestreuen und mit etwas Olivenöl beträufeln.

TIPP: Die Knödel gelingen auch mit Mangold oder Brennnesselblättern. Dazu das Gemüse waschen, putzen und grobe Stiele entfernen. In etwas Butter oder Öl schwenken, etwas Flüssigkeit dazugeben (Wasser oder Gemüsebrühe) und mit dem Stabmixer pürieren. (Bei Brennnesseln Handschuhe tragen!)

ROTE-RÜBEN-RISOTTO

Zutaten für 2 Portionen:

- 1 Schalotte
- 200 g rote Rüben (vorgekocht)
- ca. ½ l Gemüsebrühe
- 2 EL Rapsöl
- 1 Prise Zucker
- 160 g Risottoreis
- Salz, Pfeffer
- 2 EL geriebener Schnittkäse

Zubereitung:

Schalotte schälen und fein würfeln, rote Rübe ebenfalls würfeln. Gemüsebrühe in einem Topf erhitzen und darauf achten, dass sie heiß bleibt. In einer Pfanne Rapsöl erhitzen, Schalotten glasig dünsten und eine Prise Zucker dazugeben. Dann die rote Rübe dazugeben und mitdünsten. Den Reis in die Pfanne geben, durchschwenken und etwas Gemüsebrühe dazugeben. So lange wiederholen, bis der Reis die gewünschte Konsistenz hat. Mit Salz und Pfeffer abschmecken. In Tellern anrichten und mit Käse bestreuen.

TIPP: Genießen Sie dazu Lollo bionda oder Vogerlsalat (Feldsalat) mit Kürbiskernen!

BASMATIREIS MIT FENCHEL

Zutaten für 2 Portionen:

- 160 g Basmatireis
- 320 ml Wasser
- 2 mittlere Karotten (Möhren)
- 1 mittlere Fenchelknolle
- 1 EL Rapsöl
- 2 Frühlingszwiebeln
- 1 Msp. gemahlener Kreuzkümmel
- Salz

Zubereitung:

Den Reis in einem Sieb mit Wasser waschen und abtropfen lassen. Gesalzenes Wasser aufkochen lassen, den Reis dazugeben und bei sehr niedriger Temperatur garen. Vom Herd ziehen, Deckel leicht öffnen und überkühlen lassen.

Karotten und Fenchel waschen, putzen, in Würfel schneiden und dämpfen. Öl in einer Pfanne erhitzen, fein geschnittene Frühlingszwiebel und Kreuzkümmel darin anschwitzen. Nach und nach den Reis, das gedämpfte Gemüse und etwas Salz dazugeben. In Bowls oder Tellern anrichten und mit Fenchelgrün dekorieren.

TIPP: Dazu passt sehr gut Radicchio-Salat mit Senfdressing!

GEMÜSELASAGNE

Zutaten für 2 Portionen:

- 1 mittlerer Zucchino
- 1 mittlere Karotte (Möhre)
- ½ kleiner Melanzano (Aubergine)
- ½ Zwiebel
- 2 Paradeiser (Tomaten)
- 2 EL Olivenöl
- Salz, Pfeffer
- 1 Msp. gemahlener Kreuzkümmel
- 1 Msp. getrockneter Oregano
- 200 g passierte Tomaten (Glas oder Tetrapack)
- 125 g Mozzarella
- 100 g Lasagneblätter
- Basilikumblätter

Zubereitung:

Das Backrohr auf 160° C (Heißluft) vorheizen. Zucchino putzen und waschen, Karotte schälen und beide Gemüse raspeln. Den Melanzano putzen, waschen und fein würfeln. Die Zwiebel schälen und fein hacken, die Tomaten waschen und würfeln.

Olivenöl in einem Topf erhitzen und Zwiebeln darin glasig andünsten. Zucchino und Karotten hinzufügen und unter Rühren sanft anbraten. Tomaten und die Melanzaniwürfel dazugeben, mit Salz, Pfeffer, Kreuzkümmel und Oregano würzen. Bei kleiner Hitze 6–8 Minuten schmoren lassen. Gemüse mit passierten Tomaten vermengen und mit Salz und Pfeffer würzen. Den Mozzarella in Scheiben schneiden.

Die Auflaufform mit Öl auspinseln, den Boden mit Lasagneblättern auslegen. Etwas von der Gemüsemischung darüber verteilen. Die Auflaufform abwechselnd mit Lasagneblättern und Gemüse befüllen, die oberste Schicht sollte Gemüse sein. Mozzarellascheiben darauf verteilen und 30–35 Minuten backen. Auf Tellern anrichten und mit Basilikum garnieren.

TIPPS:

- Variieren Sie bei den Lasagneblättern – es gibt auch grüne und rote!
- Das Gericht eignet sich sehr gut zur Verarbeitung von Gemüse- und Käseresten.
- Servieren Sie zur Lasagne eine Portion Salat!

GEMÜSEBULGUR

Zutaten für 2 Portionen:

- 150 g Bulgur
- 400 ml Gemüsebrühe
- 1 mittleren Zucchino
- 2 Karotten (Möhren)
- ½ Zwiebel
- 1 EL Olivenöl
- 2 EL Sauerrahm (saure Sahne)
- Salz, Pfeffer
- Petersilie

Zubereitung:

Bulgur in einem Sieb mit Wasser waschen, abtropfen lassen. Gemüsebrühe aufkochen, Bulgur einrühren, aufkochen und anschließend 20 Minuten zugedeckt quellen lassen. Zucchino, Karotten und Zwiebel fein würfeln. Gemüse in einer Pfanne mit Öl sanft anbraten, Bulgur und Sauerrahm hinzufügen und mit Salz und Pfeffer abschmecken. In Tellern anrichten und mit Petersilie garnieren.

TIPPS:

- Dazu passt sehr gut eine Portion grüner Salat!
- Das Gericht eignet sich zum Verkochen von Gemüseresten.

VEGANE GERICHTE

ERDÄPFEL-SPINAT-NUDELN (KARTOFFEL-SPINAT-NUDELN)

Zutaten für 2 Portionen:

¼ kg mehlige Erdäpfel (Kartoffeln)
100 g Blattspinat
50 g griffiges Mehl
20 g Weizengrieß
Salz, Pfeffer
Etwas Olivenöl

Zubereitung:

Erdäpfel mit der Schale dämpfen, anschließend schälen und noch heiß durch die Kartoffelpresse drücken, dann abkühlen und etwas ausdampfen lassen. Den Spinat putzen, waschen, grobe Blattstiele entfernen und kurz in kochendem Wasser blanchieren. Mit kaltem Wasser abschrecken und mit dem Stabmixer pürieren.

Die gepressten Erdäpfel mit Mehl, Grieß, Salz und Pfeffer rasch verkneten. Zum Schluss den Spinat untermengen. Sollte der Teig zu weich sein, noch etwas Mehl dazugeben. Den Teig auf einer bemehlten Arbeitsfläche zu einer Rolle formen, kleine Teigstücke abteilen und jedes mit bemehlten Händen zu fingerbreiten Nudeln rollen.

Wasser mit etwas Salz aufkochen, etwas Öl dazugeben und die Erdäpfelnudeln schwach wallend kochen lassen. Danach den Topf vom Herd ziehen und einige Minuten nachziehen lassen. Die Nudeln abseihen und auf Tellern anrichten. Eventuell mit einigen Tropfen Olivenöl beträufeln.

TIPPS:

- Anstelle von Blattspinat eignen sich auch Mangold oder Brennnesseln!
- Wenn Sie Bärlauch mögen und vertragen, gibt das eine gute Knoblauchnote!

SCHLIPFKRAPFEN

Zutaten für 2 Portionen:

- 150 g Roggenmehl
- 150 g glattes Weizenmehl
- 150 ml lauwarmes Wasser
- 1 EL Rapsöl
- ¼ kg mehlige Erdäpfel (Kartoffeln)
- 100 g Frühlingszwiebel oder Lauch (Porree)
- Majoran, getrocknet
- Thymian, getrocknet
- Salz, Pfeffer
- Rapsöl für die Pfanne
- Schnittlauch, Petersilie oder Kerbel

Zubereitung:

Roggen- und Weizenmehl mit Salz versieben. Wasser und Öl zur Mehlmischung geben und zu einem glatten, seidigen Teig verkneten. Den Teig einige Male kräftig auf das Arbeitsbrett schlagen. Mit einem warmen Topf abdecken und den Teig 10 Minuten rasten lassen.

Erdäpfel dämpfen, schälen und durch die Erdäpfelpresse drücken. Frühlingszwiebel oder Lauch fein schneiden. Die gepressten Erdäpfel mit dem Lauch und den Kräutern gut vermengen und mit Salz abschmecken.

Den Nudelteig auf einer bemehlten Arbeitsfläche 2–3 mm dick ausrollen und mit Keksausstechern Kreise ausstechen. Jeden Teigkreis mit einem Teelöffel Erdäpfelfülle belegen, den Teig über die Füllung stülpen und mit Daumen und Zeigefinger gut zusammendrücken.

Wasser mit Salz in einem ausreichend großen Topf aufkochen lassen und die Schlipfkrapfen 10 Minuten leicht wallend kochen lassen. Aus dem Wasser nehmen, portionsweise in Rapsöl kurz anbraten und auf Tellern anrichten. Mit Schnittlauch, Petersilie oder Kerbel garnieren.

TIPP: Die Schlipfkrapfen schmecken sehr aromatisch, wenn Sie in die Füllung einige fein geschnittene Minzeblätter geben!

GRATINIERTE ERDÄPFEL (KARTOFFELN)

Zutaten für 2 Portionen:

- 4 festkochende Erdäpfel (Kartoffeln)
- Salz
- 1 Msp. gemahlene Muskatnuss
- 2 EL Olivenöl
- 1 Msp. gemahlene Senfkörner
- 1 Msp. Currypulver
- 1 Msp. gemahlener Zimt
- 1 Msp. gemahlener Kümmel
- ½ TL gerebelter Rosmarin und Thymian

Zubereitung:

Erdäpfel in der Schale dämpfen, danach schälen, mit einem Erdäpfelstampfer (alternativ mit einer Gabel) grob zerdrücken, mit Salz und Muskat würzen und etwas überkühlen lassen.

In der Zwischenzeit das Öl mit den anderen Gewürzen verrühren. Aus der Erdäpfelmasse sechs Laibchen formen und auf ein mit Backpapier ausgelegtes Backblech setzen. Die Oberfläche mit der Ölmarinade bepinseln und bei 160° C (Heißluft) im Backrohr ca. 10 Minuten gratinieren. Auf Tellern anrichten und mit Kräutern garnieren.

TIPPS:

- Dazu passen Vogerlsalat (Feldsalat) mit Olivenöl-Senf-Dressing oder Radicchiosalat sehr gut!
- Für eine vegetarische Variante servieren Sie die Laibchen mit einem Sauerrahmdip mit etwas Schnittlauch und den Salat mit Joghurtdressing.

KÜRBISNOCKERLN

Zutaten für 2 Portionen:

- 350 g Hokkaido-Kürbis
- Olivenöl
- ¼ kg mehlige Erdäpfel (Kartoffeln)
- 2 EL Feinblatt-Haferflocken
- 4 EL altbackenes Brot oder Gebäck, in Würfel geschnitten (alternativ Semmelwürfel)
- ½ EL Maisstärke
- 1 Msp. gemahlene Muskatnuss
- Salz, Pfeffer
- Kürbiskerne, gehackt

Zubereitung:

Das Backrohr auf 180° C (Heißluft) vorheizen. Kürbis schälen, aushöhlen und in Stücke teilen. Auf ein mit Backpapier ausgelegtes Backblech geben, mit etwas Olivenöl einpinseln und backen, bis das Kürbisfleisch weich ist.

Erdäpfel dämpfen, schälen und noch heiß pressen. Das Kürbisfleisch mit einer Gabel zerdrücken und mit den Kartoffeln vermengen. Haferflocken, Brot- oder Semmelwürfel, Maisstärke, Muskat, Salz und Pfeffer dazugeben und rasch zu einem glatten Teig verkneten.

Mit 2 Esslöffeln Nockerln formen (alternativ mit nassen Händen), auf das Backblech legen und mit wenig gehackten Kürbiskernen bestreuen. Im Rohr knusprig backen.

TIPPS:

- Dazu passt sehr gut Eisbergsalat mit Apfelessig und Kürbiskernöl!
- Für eine vegetarische Variante probieren Sie den Salat mit einem Joghurt-Sauerrahm-Dressing.

FARFALLE MIT GEMÜSE

Zutaten für 2 Portionen:

½ Zwiebel
¼ kg Gemüse nach Wahl (Karotten/Möhren, Zucchini, Pastinake, Sellerie …)
1 EL Rapsöl
2 EL Tomatenmark
⅛ l Gemüsebrühe
400 ml passierte Paradeiser (Tomaten) (Tetrapack)
Basilikum, Oregano, Thymian
160 g Farfalle (Schmetterlingsnudeln; alternativ auch andere Teigwaren wie Spaghettini)
Salz, Pfeffer
Basilikumblätter

Zubereitung:
Zwiebel und Gemüse fein würfeln und in Rapsöl andünsten. Tomatenmark dazugeben und mit Gemüsebrühe ablöschen. Passierte Paradeiser, etwas Salz, Pfeffer und Gewürze dazugeben und für 20 Minuten köcheln lassen. In der Zwischenzeit die Farfalle kochen, abseihen, auf Tellern mit der Gemüsesauce anrichten und mit Basilikumblättern garnieren.

TIPPS:

- Variieren Sie bei den Gemüsesorten – je nach saisonalem Angebot!
- Das Gericht eignet sich sehr gut, um Gemüsereste zu verwerten.
- Servieren Sie zum Gericht eine Portion Blattsalat!

OFENHIRSE

Zutaten für 1 Auflaufform:

- 150 g Hirse
- 400 ml Wasser oder Gemüsebrühe
- ¼ kg Karotten (Möhren)
- 6 Erdäpfel (Kartoffeln)
- 2 Tomaten (Paradeiser)
- 2 kleine Zucchini
- 2 EL Rapsöl
- Salz, Pfeffer
- Petersilie

Zubereitung:

Hirse in einem Sieb mit Wasser abspülen und abtropfen lassen. Wasser mit etwas Salz bzw. Gemüsebrühe aufkochen und die Hirse einrühren. Einige Minuten leicht kochen lassen, dann den Topf vom Herd ziehen und die Hirse mit Deckel 20 Minuten nachquellen lassen.

In der Zwischenzeit die Gemüsesorten waschen, putzen, die Erdäpfel schälen und alles in feine Scheiben schneiden. Hirse mit einer Gabel etwas auflockern. Eine Auflaufform mit Rapsöl auspinseln und mit Hirse und Gemüsescheiben befüllen. Die oberste Schicht sollte aus Gemüse bestehen. Etwas salzen und mit Rapsöl beträufeln oder bestreichen. Bei 160° C (Heißluft) ca. 30 Minuten backen. Die Ofenhirse vorsichtig mit einem Tortenheber aus der Form heben, auf Tellern anrichten und mit gehackter Petersilie bestreuen.

TIPPS:

- Variieren Sie bei den Gemüsesorten – je nach saisonalem Angebot!
- Das Gericht eignet sich sehr gut zur Verwertung von Gemüseresten.
- Genießen Sie zur Ofenhirse eine Portion grünen Blattsalat!
- Für eine vegetarische Variante gratinieren Sie das Gericht mit etwas geriebenem Käse.

GEBRATENE SELLERIE- UND APFELSCHEIBEN

Zutaten für 2 Portionen:

- ½ Sellerieknolle
- 2 EL Olivenöl
- Salz, Pfeffer
- Zitronensaft
- 1 großer, säuerlicher Apfel
- 2 Handvoll Vogerlsalat (Feldsalat)
- 1 EL Apfelessig
- 1 EL Olivenöl
- Salz

Zubereitung:

Sellerieknolle schälen, in knapp 1 cm dicke Scheiben schneiden und auf einem flachen Teller auflegen. Olivenöl, Salz, etwas Pfeffer und Zitronensaft gut verrühren, die Selleriescheiben mit einem Pinsel beidseitig einstreichen und eine halbe Stunde ziehen lassen. Den Apfel schälen, entkernen, in 1 cm dicke Scheiben schneiden, ebenso auf einem Teller auflegen und mit der Marinade bestreichen.

Die Selleriescheiben in einer mit Öl ausgepinselten Pfanne beidseitig leicht anbraten, auf ein mit Backpapier ausgelegtes Blech legen und im Rohr bei 160° C (Heißluft) backen. Die Apfelscheiben nach 5 Minuten dazulegen und weitere 5 Minuten backen.

In der Zwischenzeit Vogerlsalat waschen. Essig, Öl und Salz zu einer Marinade verrühren. Die Sellerie- und Apfelscheiben auf flachen Tellern auf einer Tellerhälfte anrichten, den Salat auf die andere Tellerhälfte geben und mit Marinade beträufeln.

TIPPS:

- Als weitere Beilage passen altbackenes Hausbrot oder ein Grahamweckerl, in Scheiben geschnitten und kurz getoastet.
- Für eine vegetarische Variante geben Sie zur Marinade ½ TL Honig – das unterstreicht das Aroma von Sellerie, Apfel und Salat sehr gut!

GRIESSSCHMARRN MIT MARILLENRÖSTER (APRIKOSENMUS)

Zutaten für 2 Portionen:

Schmarrn

- ½ l Pflanzendrink (z. B. Hafer- oder Mandeldrink)
- Salz
- 180 g Hartweizengrieß
- 2 EL Kristallzucker
- 1 Prise ausgekratztes Vanillemark (alternativ Vanillepulver oder Vanillezucker)
- 1 Msp. geriebene Zitronenschale (unbehandelte Frucht)
- 1 EL Raps- oder Sonnenblumenöl
- 2 EL Rosinen
- Staubzucker

Marillenröster (Aprikosenmus)

- ½ kg Marillen (Aprikosen)
- 1 EL Kristallzucker
- ⅛ l Marillennektar (Aprikosennektar) (alternativ Orangensaft)
- ⅛ l Wasser
- ½ kleine Zimtstange

Zubereitung:

Pflanzendrink mit einer Prise Salz aufkochen, Grieß unter ständigem Rühren einrieseln lassen, gut mit einem Kochlöffel umrühren. Zucker, Vanille und Zitrone dazugeben. Die Hitze zurücknehmen und weiterrühren, bis die Masse eindickt. Den Topf vom Herd ziehen und etwas überkühlen lassen.

Die Grießmasse mit einer Gabel auflockern, dabei die Rosinen untermengen und in eine mit Öl ausgepinselte Auflaufform geben. Im Backrohr bei 160° C (Heißluft) backen, bis der Schmarrn eine goldgelbe Farbe bekommt.

Für den Röster die Marillen waschen, entsteinen und vierteln. In einem heißen Topf Kristallzucker karamellisieren lassen, mit Nektar und Wasser ablöschen. Marillen und Zimtstange dazugeben und gut verkochen lassen. Den Schmarrn auf Tellern anrichten und mit Staubzucker bestreuen, den Marillenröster extra reichen.

TIPPS:

- Variieren Sie beim Röster die Obstsorten: Auch eine Mischung aus Apfel und Holler im Herbst schmeckt gut! Wenn Sie Zwetschken vertragen, ist auch Zwetschkenröster möglich.
- Röster lässt sich auch gut aus Tiefkühlobst zubereiten!

FISCHGERICHTE

SAIBLING MIT ERDÄPFELHAUBE (KARTOFFELHAUBE)

Zutaten für 2 Portionen:

Fisch

- 2–4 Saiblingsfilets (je nach Größe)
- 1 Spritzer Zitronensaft
- Salz
- 1 EL Raps- oder Sonnenblumenöl

Erdäpfelhaube

- 2 mehlige Erdäpfel (Kartoffeln)
- Salz
- 1 Msp. gemahlene Muskatnuss
- 3 EL Milch
- 1 kleines Ei
- Frischer Dill

Zubereitung:

Erdäpfel in der Schale dämpfen, danach schälen, mit einem Erdäpfelstampfer (alternativ mit einer Gabel) grob zerdrücken, mit Salz und Muskat würzen und etwas überkühlen lassen. Fisch mit etwas Zitronensaft und Salz würzen. In einer heißen Pfanne mit Öl kurz auf der Hautseite anbraten und die Filets auf ein mit Backpapier ausgelegtes Blech legen.

Zur Erdäpfelmasse Milch und Ei geben, kurz mischen und die Masse auf die Fischfilets streichen. Bei 160° C (Heißluft) für ca. 10–15 Minuten ins Backrohr geben. Auf Tellern anrichten und mit Dille garnieren.

TIPPS:

- Achten Sie bei Fisch auf Frische und nachhaltige Produktion!
- Alternativ ist anstelle von Saibling auch Zander möglich.
- Genießen Sie das Gericht mit einem Salatbouquet aus saisonalen Blattsalaten und einer Marinade aus Apfelessig und Sonnenblumenöl!

GEMÜSERISOTTO MIT ZANDERSTREIFEN

Zutaten für 2 Portionen:

- 2 EL Olivenöl
- 200 g Wurzelgemüse (Knollensellerie, Pastinake, Karotte/Möhre, Petersilwurzel, gelbe Rübe)
- 100 g Risottoreis
- 250 ml Gemüsesuppe oder Fischfond
- 2 EL Parmesan
- 2 Zanderfilets (à 100 g)
- Salz
- 1 Spritzer Zitronensaft
- Basilikum oder Dille

Zubereitung:

Wurzelgemüse waschen, putzen, schälen und kleinwürfelig schneiden. Das Gemüse in einer Pfanne mit 1 EL Öl anrösten, Risottoreis dazugeben, mit etwas Gemüsesuppe oder Fischfond aufgießen und unter ständigem Rühren garkochen, dabei immer etwas Suppe nachgießen. Gegen Ende der Kochzeit Parmesan einrühren.

Zander in Streifen schneiden, mit Zitronensaft und Salz würzen und in 1 EL Olivenöl mit der Hautseite zuerst anbraten. Die Fischstreifen umdrehen und auch auf der Fleischseite etwas Farbe nehmen lassen. Risotto auf Tellern anrichten, die Zanderfilets darauflegen und mit Basilikumblättern oder Dillspitzen garnieren.

TIPPS:

- Achten Sie bei Fisch auf Frische und nachhaltige Produktion!
- Zum Risotto mit Fisch passt Kopfsalat mit einer Marinade aus Weißweinessig, Olivenöl und Dillspitzen!

ONE-POT-KÜRBIS MIT SAIBLING

Zutaten für 2 Portionen:

- 2 festkochende Erdäpfel (Kartoffeln)
- ¼ kg Hokkaido-Kürbis
- 1 kleine Stange Lauch (Porree)
- 2 Saiblingsfilets
- 1 Spritzer Zitronensaft
- Salz
- 2 EL Raps- oder Sonnenblumenöl
- Einige EL Gemüsebrühe
- Brunnen- oder Gartenkresse

Zubereitung:

Erdäpfel und Kürbis waschen, schälen und in Würfel schneiden. Lauch waschen, putzen und in feine Ringe schneiden. Fischfilets mit Zitronensaft und Salz würzen. In einer Pfanne Öl erhitzen, die Filets mit der Hautseite einlegen, etwas Farbe nehmen lassen, herausnehmen und warm stellen.

Im Bratenrückstand Erdäpfelwürfel anschwitzen, dann Lauch und Kürbis zugeben. Mit etwas Gemüsebrühe angießen und zugedeckt weich garen. Gegen Ende der Garzeit etwas salzen, die Fischfilets einlegen und garziehen lassen. Auf Tellern anrichten und mit Brunnen- oder Gartenkresse garnieren.

TIPPS:

- Achten Sie bei Fisch auf Frische und nachhaltige Produktion!
- Zum Gericht passt Vogerlsalat (Feldsalat) mit Kernöl und Brunnenkresse sehr gut!

ZITRONENSPAGHETTINI MIT FISCH

Zutaten für 2 Portionen:

- 400 g Gemüse der Saison oder Tiefkühlgemüse (Karotten/Möhren, Kürbis, gelbe Rübe, Zucchini ...)
- 2 EL Olivenöl
- 200 g Paradeiserwürfel (Tomatenwürfel) (selbst hergestellt oder tiefgekühlt)
- 1/8 l Gemüsesuppe
- 150 g Spaghettini
- Salz
- Basilikumblätter
- 1 Msp. abgeriebene Zitronenschale (unbehandelte Frucht)
- 200 g Fischfilets (Zander, Saibling, Forelle)
- 1 Spritzer Zitronensaft

Zubereitung:

Gemüse waschen, putzen, evtl. schälen und in feine Streifen hobeln. In 1 EL Öl anschwitzen, gewürfelte Paradeiser dazugeben, mit Suppe aufgießen und verkochen lassen. Spaghettini nach Packungsanleitung zubereiten, abseihen und mit 1 EL Olivenöl, etwas Salz, Basilikumblättern und der Zitronenschale mischen.

Die Fischfilets mit Zitronensaft und Salz würzen und in einer Pfanne mit 1 EL Olivenöl mit der Hautseite zuerst anbraten, umdrehen und auch auf der Fleischseite etwas Farbe nehmen lassen. Die Nudeln in Tellern anrichten, mit Gemüsesauce und den Fischfilets belegen und mit Basilikum garnieren.

TIPPS:

- Achten Sie bei Fisch auf Frische und nachhaltige Produktion!
- Zu den Zitronennudeln passt Eisbergsalat sehr gut!

POCHIERTE FISCHFILETS MIT WURZELGEMÜSE UND ERDÄPFELN (KARTOFFELN)

Zutaten für 2 Portionen:

- 4 festkochende Erdäpfel (Kartoffeln)
- 200 g Wurzelgemüse (Karotten/Möhren, Knollensellerie, gelbe Rüben)
- 1 kleines Stück Lauch (Porree)
- Frische Petersilie und Dill
- ½ Lorbeerblatt
- 200 ml Wasser
- 1 Spritzer Zitronensaft
- Salz
- 1 TL Apfelessig
- 200 g Fischfilets (Zander, Forelle, Saibling)
- 1 EL Rapsöl

Zubereitung:

Erdäpfel waschen, schälen und in Würfel schneiden. Das Wurzelgemüse waschen, schälen und in Streifen hobeln. Lauch, Petersilienstängel, etwas Dill und Lorbeerblatt mit einem Spagat zusammenbinden.

Wasser mit Zitronensaft, Salz, Essig und dem Kräutersträußchen in einem Topf aufkochen, Erdäpfelwürfel zur Hälfte darin garkochen (ca. 10 Minuten), dann das Gemüse dazugeben und weiter garen (ca. 5 Minuten). Filets in Streifen schneiden, salzen, auf das Gemüse legen und zugedeckt einige Minuten garziehen lassen.

Die Filets und das Kräutersträußchen herausnehmen. In einer Pfanne 1 EL Öl erhitzen und die Gemüse-Erdäpfel-Mischung darin etwas Farbe nehmen lassen. In Tellern anrichten, mit den Filets belegen, evtl. mit etwas Kochsud übergießen und mit Petersilienblättern oder Dillspitzen garnieren.

TIPPS:

- Achten Sie bei Fisch auf Frische und nachhaltige Produktion!
- Zum Gericht passt sehr gut Kopfsalat mit Apfelessig, etwas Senf und Rapsöl.

FORELLENRÖLLCHEN MIT BLATTSPINAT UND ERDÄPFELN (KARTOFFELN)

Zutaten für 2 Portionen:

- 4 festkochende Erdäpfel (Kartoffeln)
- 4 kleine Forellenfilets
- 1 Spritzer Zitronensaft
- Salz
- Evtl. Holzzahnstocher
- 1 EL Rapsöl
- 2 Handvoll Blattspinat (alternativ tiefgekühlter Spinat)
- ½ Zwiebel
- 1 Msp. gemahlene Muskatnuss
- 2 EL Obers (Sahne)
- Frische Petersilie

Zubereitung:

Erdäpfel in der Schale dämpfen. In der Zwischenzeit die Filets mit Zitronensaft und Salz würzen und einrollen. Die Röllchen ev. mit Zahnstochern fixieren. Eine kleine Auflaufform oder eine kleine feuerfeste Schale/Tasse mit Öl auspinseln, die Forellenröllchen aufrecht hineinstellen und im Backrohr bei ca. 160° C ca. 10 Minuten garen.

Blattspinat waschen, putzen und grobe Stiele entfernen. Zwiebel schälen, fein hacken und in Öl anschwitzen, Blattspinat dazugeben und ein paar Minuten dünsten lassen. Spinat mit Salz und Muskat würzen, mit etwas Obers verfeinern.

Gedämpfte Erdäpfel schälen, halbieren und auf Tellern anrichten. Spinat in die Mitte geben und die Forellenröllchen darauflegen. Vorsichtig die Zahnstocher entfernen und mit Petersilienblättern garnieren.

TIPPS:

- Achten Sie bei Fisch auf Frische und nachhaltige Produktion!
- Zu den Forellenröllchen passt eine Portion Wurzelgemüsesalat sehr gut!

FISCHFILET IN PARADEISERGEMÜSE (TOMATENGEMÜSE) MIT RÖSTBROT

Zutaten für 2 Portionen:

2 große Tomaten (Paradeiser)
1 mittlerer Zucchino
2 Fischfilets (à 100 g)
Zitronensaft
Salz
2 EL Olivenöl
Italienische Kräuter (Oregano, Thymian, Majoran, Basilikum)
2 EL Obers (Sahne)
Etwas Gemüsesuppe oder Fischfond zum Aufgießen
4 Scheiben Weißbrot

Zubereitung:

Paradeiser an der Oberseite kreuzweise einschneiden, für einige Sekunden in kochendes Wasser geben, dann kalt abschrecken, die Haut abziehen und in kleine Würfel schneiden. Zucchino waschen und in ebenso kleine Würfel schneiden.

Die Fischfilets mit Zitronensaft und Salz würzen und in 1 EL Olivenöl auf der Hautseite anbraten. Aus der Pfanne nehmen, im Bratenrückstand Zucchino und Paradeiser anschwitzen, mit etwas Suppe aufgießen, aufkochen lassen und Hitze reduzieren. Etwas salzen, mit Kräutern würzen und Obers dazugeben. Die Fischfilets einlegen und einige Minuten garziehen lassen.

Das Weißbrot in einer heißen Pfanne in 1 EL Olivenöl auf beiden Seiten etwas Farbe nehmen lassen. Die Filets mit dem Gemüse auf Tellern anrichten, Weißbrot extra dazu reichen.

TIPPS:

- Achten Sie bei Fisch auf Frische und nachhaltige Produktion!
- Zum Fisch mit Gemüse und Weißbrot passt sehr gut eine Portion Eisbergsalat!

FLEISCHGERICHTE

PUTE IM HAFERFLOCKENMANTEL MIT KAROTTENGEMÜSE (MÖHRENGEMÜSE)

Zutaten für 2 Portionen:

- 2 Putenmedaillons oder dickere Putenschnitzel (à ca. 120 g)
- Salz
- 1 Ei
- 1 EL Mehl
- 3–4 EL Feinblatt-Haferflocken
- 4 mittlere Karotten (Möhren)
- 1 TL Butter oder Rapsöl
- 1 Prise Zucker
- 2 EL Gemüsebrühe oder Wasser
- Petersilie

Zubereitung:

Backrohr auf 160° C (Heißluft) vorheizen. Fleisch in Streifen schneiden und salzen, Ei verquirlen. Die Streifen zuerst in Mehl tauchen, dann durch das Ei ziehen und danach in den Haferflocken wälzen. Die panierten Putenstücke auf ein mit Backpapier ausgelegtes Blech geben und im vorgeheizten Rohr ca. 15 Minuten knusprig backen. Bei Bedarf abdecken, damit die Haferflocken nicht zu dunkel werden.

Karotten waschen, schälen und in Scheiben oder Würfel schneiden. Einen Topf mit Butter oder Öl erhitzen, eine Prise Zucker dazugeben und die Karotten anschwitzen. Mit wenig Gemüsebrühe oder Wasser aufgießen und zugedeckt weich dünsten. Mit gehackter Petersilie und Salz würzen. Die Putenfilets und das Gemüse auf Tellern anrichten.

TIPPS:

- Achten Sie bei Fleisch auf eine nachhaltige Produktion!
- Zu den Putenstreifen passt eine Portion feingeschnittener Chinakohlsalat mit Joghurtdressing sehr gut!

PUTENMEDAILLONS MIT PÜREE

Zutaten für 2 Portionen:

- 1/4 kg mehlige Erdäpfel (Kartoffeln)
- 1/4 kg Kürbis
- Salz
- 1/4 l Milch
- Rosmarin, Thymian
- 4 Putenmedaillons (à 60 g)
- 1 EL Rapsöl
- Petersilie oder Kerbel

Zubereitung:

Erdäpfel und Kürbis schälen, dämpfen und durch eine Erdäpfelpresse drücken. Mit Salz, Milch und etwas Rosmarin und Thymian zu einem Püree verrühren. Medaillons salzen und in einer Pfanne in Öl beidseitig langsam braten. Püree auf Tellern anrichten, die Medaillons daraufsetzen und mit Petersilie oder Kerbelblättern garnieren.

TIPPS:

- Achten Sie bei Fleisch auf eine nachhaltige Produktion!
- Zum Gericht passt Vogerlsalat (Feldsalat) mit Joghurtdressing sehr gut.

RINDSROULADEN MIT BLATTSPINAT UND BANDNUDELN

Zutaten für 2 Portionen:

- 2 Rindsschnitzel (à 120 g)
- Salz
- 1 TL Senf
- 2 Blatt Schinken
- Holzzahnstocher
- 2 EL Rapsöl oder Sonnenblumenöl
- 1 TL Mehl
- ⅛ l Rindsuppe oder Gemüsesuppe
- ½ kleine Zwiebel
- ¼ kg Blattspinat, aufgetaut
- 1 Msp. gemahlene Muskatnuss
- 120 g Bandnudeln
- 2 EL Obers (Sahne)

Zubereitung:

Rindrouladen plattieren, salzen, auf einer Seite mit etwas Senf bestreichen und mit einem Schinkenblatt belegen. Die Schnitzel einrollen und mit einem Zahnstocher fixieren. In einer Pfanne 1 EL Öl erhitzen und die Rouladen von allen Seiten anbraten. Herausnehmen, den Bratenrückstand mit Mehl stauben und mit Suppe aufgießen. Aufkochen lassen, die Rouladen einlegen und 20 Minuten dünsten lassen, gegen Ende etwas salzen und mit 1 EL Obers abrunden.

In der Zwischenzeit in einem Topf 1 EL Öl erhitzen, etwas feingeschnittene Zwiebel anschwitzen, den Blattspinat dazugeben und dünsten lassen. 1 EL Obers dazugeben, mit Salz und etwas Muskat abschmecken. Bandnudeln laut Packungsanweisung kochen und dann abseihen. Rindsrouladen auf Tellern anrichten, Sauce, Blattspinat und Nudeln dazugeben.

TIPPS:

- Achten Sie bei Fleisch auf eine nachhaltige Produktion!
- Zu den Rindsrouladen passt Eisbergsalat mit Joghurtdressing sehr gut.

GESCHMORTES HUHN MIT FENCHEL

Zutaten für 2 Portionen:

- 1 Frühlingszwiebel
- 2 Karotten (Möhren)
- 1 Fenchelknolle
- 200 g Hühnerfleisch
- Salz
- 1 EL Rapsöl
- ⅛ l Hühnerfond oder Gemüsesuppe
- Gemahlener Pfeffer

Zubereitung:

Frühlingszwiebel, Karotten und Fenchel waschen und in Scheiben schneiden. Hühnerfleisch salzen, pfeffern und in einer Pfanne in Öl von allen Seiten anbraten und etwas Farbe nehmen lassen. Das Huhn herausnehmen und in eine mit Öl ausgepinselte Auflaufform legen.

Das Gemüse im Bratenrückstand anschwitzen, etwas salzen und mit Suppe ablöschen. Zum Huhn in die Auflaufform geben und im Backrohr zugedeckt bei 160° C (Heißluft) ca. 20 Minuten schmoren. Das Huhn mit dem Gemüse auf Tellern anrichten und mit Fenchelgrün garnieren.

TIPPS:

- Achten Sie bei Fleisch auf eine nachhaltige Produktion!
- Zum Gericht passt Ciabatta-Brot.
- Genießen Sie das Gericht mit Radicchio-Salat mit Joghurtdressing.

FASCHIERTE LAIBCHEN MIT KAROTTENGEMÜSE (MÖHRENGEMÜSE) UND PÜREE

Zutaten für 2 Portionen:

1/4 kg mehlige Erdäpfel (Kartoffeln)
Salz
1 Msp. gemahlene Muskatnuss
1/8 l Milch
60 g Semmelwürfel
160 g gemischtes Faschiertes
Gemahlener Pfeffer
Petersilie
2 EL Semmelbrösel
2 EL Rapsöl
300 g Mischgemüse, frisch oder tiefgekühlt, z. B. Karotten/Möhren, gelbe Rüben, Knollensellerie

Zubereitung:

Erdäpfel waschen, dämpfen und durch eine Kartoffelpresse drücken. Mit Salz, Muskat und etwas Milch zu einem Püree verrühren.

Semmelwürfel mit etwas Milch benetzen und einige Minuten stehen lassen. Faschiertes, Salz, Pfeffer und feingehackte Petersilie dazugeben und zu einer homogenen Masse mischen. Mit nassen Händen Laibchen formen, in Semmelbröseln wälzen und in einer Pfanne in Öl von beiden Seiten langsam braten.

Das Gemüse in wenig Wasser dünsten, bei Bedarf etwas salzen. Faschierte Laibchen, Püree und Gemüse auf Tellern anrichten.

TIPPS:

- Achten Sie bei Fleisch auf eine nachhaltige Produktion!
- Zu den faschierten Laibchen passt Kopfsalat mit Joghurtdressing

GEFÜLLTES SCHWEINSSCHNITZEL MIT SALBEINUDELN

Zutaten für 2 Portionen:

- 2 Schweinsschnitzel (à 120 g)
- Salz
- Gemahlener Pfeffer
- 2 Blatt Schinken
- 100 g Blattspinat (aufgetaut)
- 80 g Schafkäse
- Einige Holzzahnstocher
- 1 EL Rapsöl
- 1/8 l Gemüsebrühe oder Wasser
- 150 g Nudeln (z. B. Bandnudeln oder Spiralnudeln)
- 1 TL Olivenöl
- Frische Salbeiblätter

Zubereitung:

Schnitzel plattieren, etwas salzen und pfeffern. Eine Schnitzelhälfte mit je einem Blatt Schinken, etwas Blattspinat und in Scheiben geschnittenem Schafkäse belegen. Die Schnitzel zusammenklappen und mit Zahnstochern fixieren. Öl in einer Pfanne erhitzen und die gefüllten Schnitzel auf beiden Seiten anbraten. Mit Suppe ablöschen und zugedeckt 15 Minuten weich dünsten.

In der Zwischenzeit Nudeln nach Packungsanleitung kochen, abseihen, etwas salzen und mit einigen Tropfen Olivenöl und 2 bis 3 gehackten Salbeiblättern aromatisieren. Schnitzel aus der Pfanne nehmen, Zahnstocher entfernen und die Schnitzel mit einem scharfen Messer halbieren. Die Sauce abschmecken. Nudeln in Tellern anrichten, die halbierten Schnitzel darauflegen und mit Sauce übergießen.

TIPPS:

- Achten Sie bei Fleisch auf eine nachhaltige Produktion!
- Zum Schnitzel passt Häuptelsalat sehr gut!

ROTE-RÜBEN-SALAT MIT PUTENBRUST

Zutaten für 2 Portionen:

- 2 Stangen Sellerie
- 4 Blätter geräucherte Putenbrust
- 2 kleine bis mittlere rote Rüben (vorgegart)
- 2 EL Apfelessig
- 1 TL Senf
- Salz, Pfeffer
- 3 EL Olivenöl
- 2 Scheiben Hausbrot vom Vortag

Zubereitung:

Stangensellerie waschen, putzen, grobe Fasern abziehen und in sehr dünne Scheiben schneiden. Putenbrustaufschnitt ebenfalls in Streifen schneiden. Rote Rüben abwaschen, trocken tupfen und in dünne Scheiben schneiden – das geht am besten mit einem Gemüsehobel.

Für das Dressing Essig mit Senf, Salz und einer Prise Pfeffer glattrühren. Zwei EL Öl unterrühren. Die Rübenscheiben auf flachen Tellern auflegen, Stangensellerie und Putenstreifen in die Mitte geben und mit der Marinade beträufeln.

Das Hausbrot in 2 cm breite Streifen schneiden und in einer Pfanne in 1 EL Öl von beiden Seiten knusprig anrösten. Extra zum Salat reichen.

TIPPS:

- Achten Sie bei Fleisch auf eine nachhaltige Produktion!
- Das Gericht eignet sich sehr gut zur Verarbeitung von Brot- oder Gebäckresten.

GRATINIERTE FLEISCHPALATSCHINKEN (FLEISCHPFANNKUCHEN)

Zutaten für 2 Portionen:

- 60 g Mehl
- 1/8 l Milch
- 2 Eier
- Salz
- 1 EL Rapsöl
- 3 EL Joghurt
- 1 EL Sauerrahm (saure Sahne)
- 2 EL geriebener Schnittkäse
- 1 Karotte (Möhre)
- 200 g gemischtes Faschiertes
- Thymian, Oregano
- 1 EL Tomatenmark
- Petersilie

Zubereitung:

Mehl, Milch, ein Ei und eine Prise Salz glattrühren und rasten lassen. Danach ca. 4 Palatschinken mit wenig Öl in einer Pfanne herausbacken. Das zweite Ei, Salz, Joghurt, Sauerrahm und geriebenen Emmentaler glattrühren und beiseitestellen.

Karotte waschen, schälen und fein raspeln. In einer Pfanne Öl erhitzen, Karottenraspeln und Faschiertes dazugeben und kurz anbraten. Mit Gewürzen (Thymian, Oregano, Salz) und Tomatenmark abschmecken. Die Fülle gleichmäßig auf den Palatschinken verteilen, diese einrollen und in eine mit Öl ausgepinselte Auflaufform schichten. Mit der Joghurt-Sauerrahm-Masse übergießen und im Backrohr bei ca. 160° C (Heißluft) ca. 40 Minuten überbacken. Die gratinierten Palatschinken auf Tellern anrichten und mit Petersilienblättern garnieren.

TIPPS:

- Achten Sie bei Fleisch auf eine nachhaltige Produktion!
- Zu den pikanten Palatschinken passt grüner Blattsalat.
- Das Gericht eignet sich sehr gut zur Verwertung von Gemüse- und Käseresten.

SÜSSE HAUPTSPEISEN

GRIESSAUFLAUF

Zutaten für 2 Portionen:

- ½ l Milch
- 1 EL Butter
- 2 EL Kristallzucker
- Salz
- 60 g Grieß
- 2 Eier
- 1 Msp. abgeriebene Zitronenschale (unbehandelte Frucht)
- Etwas Öl für die Form
- Evtl. etwas Staubzucker

Zubereitung:

Milch mit Butter, 1 EL Zucker und einer Prise Salz aufkochen, den Grieß einrieseln lassen, nochmals aufkochen lassen, bis die Masse fester wird. Vom Herd ziehen und 20 Minuten überkühlen lassen.

Backrohr auf 160° C (Heißluft) vorheizen. Eier trennen, Eiklar steif schlagen. Eidotter mit 1 EL Zucker und Zitronenschale cremig aufschlagen. Die überkühlte Grießmasse auflockern, abwechselnd Dottermasse und Eischnee unterheben. Die Masse in die befettete Auflaufform geben und ca. eine halbe Stunde backen. Auf Tellern anrichten und ev. mit Staubzucker bestreuen.

TIPP: Dazu passt Apfelkompott sehr gut!

SÜSSE KÜRBISLAIBCHEN

Zutaten für 2 Portionen:

- ¼ kg mehlige Erdäpfel (Kartoffeln)
- ¼ kg Kürbis (alternativ Karotten/Möhren)
- 1 Ei
- 2 EL Zucker oder Honig
- 2 EL griffiges Mehl
- 1 Msp. abgeriebene Orangenschale (unbehandelte Frucht)
- 1 Prise gemahlener Zimt
- 1 EL Rapsöl oder Sonnenblumenöl

Zubereitung:

Erdäpfel waschen und dämpfen. Anschließend schälen und durch eine Erdäpfelpresse drücken. Kürbis waschen, schälen und fein raspeln. Ei mit Zucker schaumig aufschlagen, Mehl, Kartoffeln, Kürbis und Gewürze dazugeben und rasch zu einem Teig verarbeiten. Mit zwei Suppenlöffeln kleine Häufchen in eine erhitzte Pfanne mit Öl setzen und beidseitig langsam braten. Die Laibchen auf Tellern anrichten.

TIPP: Dazu passen sehr gut Kompott oder Röster!

HEIDELBEERNOCKERLN (BLAUBEERNOCKEN)

Zutaten für 2 Portionen:

- 2 Eier
- 2 EL Kristallzucker
- 1 Msp. Vanillezucker
- 80 g Feinblatt-Haferflocken
- 600 g Heidelbeeren (Blaubeeren), frisch oder tiefgekühlt
- 2 EL Rapsöl
- Evtl. etwas Staubzucker

Zubereitung:

Eier mit Zucker und Vanillezucker cremig-schaumig aufschlagen. Haferflocken und Heidelbeeren untermischen und für mind. zwei Stunden kaltstellen, damit die Haferflocken quellen können.

Eine Pfanne mit Öl erhitzen, mit 2 Esslöffeln kleine Nockerln aus der Masse abstechen und in die Pfanne geben. Etwas flach drücken und von beiden Seiten langsam braten. Die Nockerln auf Tellern anrichten, evtl. mit etwas Staubzucker bestreuen und mit einigen Heidelbeeren garnieren.

MARILLENKNÖDEL (APRIKOSENKLÖSSE) (ERDÄPFEL-/KARTOFFELTEIG)

Zutaten für 2 Portionen:

- ½ kg mehlige Erdäpfel (Kartoffeln)
- 1 Ei
- 200 g griffiges Mehl
- 1 TL Zucker
- Salz
- Etwas Vanillezucker
- 1 Msp. gemahlener Zimt
- 1 Msp. abgeriebene Zitronenschale (unbehandelte Frucht)
- 8 kleine Marillen (Aprikosen), entsteint und je nach Gusto mit einem Mokka-Zuckerwürfel gefüllt
- 1–2 EL Butter
- 50 g Semmelbrösel
- 1 EL Zucker
- Evtl. etwas Staubzucker

Zubereitung:

Erdäpfel waschen und dämpfen. Anschließend schälen, noch heiß durch eine Erdäpfelpresse drücken und überkühlen lassen. Dann Ei, Mehl, Zucker und Gewürze dazugeben und rasch zu einem glatten Teig verarbeiten. Den Teig danach ca. 10 Minuten stehen lassen.

Den Teig auf einer bemehlten Arbeitsfläche gut 1 cm dick ausrollen, Quadrate ausschneiden, die Marillen mit den Teigstücken ummanteln und zu Knödeln formen. Die Knödel in kochendes Salzwasser geben und ca. 20 Minuten schwach wallend ohne Deckel garen.

Gegen Ende der Kochzeit Butter erhitzen, Brösel und Zucker dazugeben und leicht Farbe nehmen lassen, evtl. eine Prise Zimt dazugeben. Die Knödel aus dem Kochwasser heben, etwas abtropfen lassen und in den Bröseln wälzen. Auf Tellern anrichten und evtl. mit Staubzucker bestreuen.

HAFERFLOCKENAUFLAUF

Zutaten für 2 Portionen:

- 400 ml Milch
- 125 g Feinblatt-Haferflocken
- Rapsöl für die Form
- ¼ kg Äpfel
- 1 Spritzer Zitronensaft
- 1 EL Rosinen
- 2 Eier
- 2 EL Kristallzucker
- 1 Msp. abgeriebene Zitronenschale (unbehandelte Frucht)

Zubereitung:

Milch aufkochen, Haferflocken dazugeben, dickbreiig verkochen lassen, vom Herd ziehen und überkühlen lassen. Backrohr auf 160° C (Heißluft) vorheizen. Eine Auflaufform mit Öl auspinseln. Äpfel schälen, entkernen, blättrig hobeln und mit Zitronensaft und Rosinen mischen.

Eier trennen, Eiklar steif schlagen. Dotter mit Zucker und Zitronenschale verrühren. Haferflockenmasse mit einer Gabel etwas auflockern und die Dottermasse einrühren. Den Eischnee vorsichtig unterheben. Die Hälfte der Masse in die befettete Auflaufform geben, mit der Apfel-Rosinen-Mischung belegen und mit der restlichen Masse abschließen. Etwa eine Dreiviertelstunde backen. Auf Tellern anrichten und mit Staubzucker bestreuen.

BEERENSCHMARRN

Zutaten für 2 Portionen:

- 3 Eiklar
- 2 EL Kristallzucker
- 1 Ei
- ¼ kg Magertopfen (Magerquark)
- 12 g Stärkemehl
- 1 Spritzer Zitronensaft
- 1 EL Rapsöl oder Sonnenblumenöl
- ¼ kg saisonale Beeren, z. B. geschnittene Erdbeeren, Heidelbeeren (Blaubeeren)

Zubereitung:

Backrohr auf 170° C vorheizen. Die Eiklar steif schlagen, zum Ausschlagen 1 EL Zucker dazugeben. Ei mit Magertopfen, 1 EL Zucker, Stärke und Zitronensaft gut verrühren. Den Eischnee vorsichtig unter die Topfenmasse heben. In einer hitzebeständigen Pfanne mit Öl erhitzen, den Teig einfüllen und bei milder Hitze langsam stocken lassen. Mit der Hälfte der frischen Beeren bestreuen und im Backrohr (160° C Heißluft) für weitere 15 Minuten fertig backen. Den fertigen Schmarrn vor dem Anrichten in kleine Stücke reißen, auf Tellern anrichten und mit Staubzucker und den restlichen Beeren garnieren.

MARILLENKNÖDEL (APRIKOSENKLÖSSE) (TOPFEN-/QUARKTEIG)

Zutaten für 2 Portionen:

- 1 Ei (Zimmertemperatur)
- 40 g Zucker
- 1 EL Rapsöl
- ¼ kg Magertopfen (Magerquark)
- 50 g Mehl
- 50 g Grieß
- 1 Msp. gemahlener Zimt
- 1 Msp. abgeriebene Zitronenschale (unbehandelte Frucht)
- Etwa Vanillezucker
- 6 Marillen (Aprikosen), entsteint und je nach Gusto mit einem Mokka-Zuckerwürfel gefüllt
- 1–2 EL Butter
- 1 EL Zucker
- 50 g Semmelbrösel

Zubereitung:

Ei mit Zucker und Öl sehr schaumig aufschlagen. Topfen, Mehl, Grieß, Zimt, Zitronenschale und Vanillezucker dazugeben und gut verrühren. Die Teigmasse ca. eine halbe Stunde rasten lassen. Danach die Marillen mit dem Teig ummanteln und Knödel formen. Knödel in kochendes Salzwasser einlegen und ca. 20 Minuten leicht wallend kochen lassen.

Gegen Ende der Kochzeit Butter erhitzen, Brösel und Zucker dazugeben und leicht Farbe nehmen lassen, evtl. eine Prise Zimt dazugeben. Die Knödel aus dem Kochwasser heben, etwas abtropfen lassen und in den Bröseln wälzen. Auf Tellern anrichten und evtl. mit Staubzucker bestreuen.

TOPFENAUFLAUF (QUARKAUFLAUF) MIT HIRSE

Zutaten für 2 Portionen:

- 75 g Hirse
- 150 ml Milch
- 2 Äpfel
- 1 Spritzer Zitronensaft
- Rapsöl für die Form
- 2 Eier
- 1 EL weiche Butter
- 2 EL Zucker
- ¼ kg Magertopfen (Magerquark)
- 40 g Stärkemehl

Zubereitung:

Hirse in einem Sieb mit kaltem Wasser abspülen. Milch aufkochen, die Hirse dazugeben und einige Minuten köcheln lassen. Vom Herd ziehen, zugedeckt 20 Minuten quellen und dann überkühlen lassen.

Backrohr auf 160° C (Heißluft) vorheizen. Äpfel schälen, entkernen, blättrig schneiden oder hobeln und mit etwas Zitronensaft mischen. Eine Auflaufform mit Öl auspinseln und die Äpfel einfüllen.

Eier trennen, Eiklar steif schlagen. Eidotter mit Butter und Zucker cremig aufschlagen. Die Dottermasse mit Topfen, der überkühlten Hirse und dem Stärkemehl gut vermengen und den Eischnee langsam unterheben. Die Masse auf die Äpfel in der Auflaufform geben und ca. eine Dreiviertelstunde backen. Auf Tellern anrichten und evtl. mit Staubzucker bestreuen.

REISAUFLAUF

Zutaten für 2 Portionen:

- 100 g Rundkorn-/ Risottoreis
- 350 ml Milch
- 1 Apfel
- 2 Eier
- 2 EL Kristallzucker
- 1 EL weiche Butter oder Margarine
- 1 Msp. abgeriebene Orangenschale (unbehandelte Frucht)
- Rapsöl für die Form
- Evtl. etwas Staubzucker

Zubereitung:

Den Reis in einem Sieb mit Wasser abspülen. Milch aufkochen, Reis dazugeben und garkochen. Vom Herd ziehen und überkühlen lassen.

Apfel schälen, entkernen und grob raspeln. Backrohr auf 160° C (Heißluft) vorheizen. Eier trennen, Eiklar zu Schnee schlagen. Eidotter mit Zucker, Butter und Orangenschale cremig aufschlagen. Die Dottermasse mit dem überkühlten Reis und den Apfelraspeln vermengen und den Schnee vorsichtig unterheben. Die Masse in eine mit Öl ausgepinselte Auflaufform füllen und ca. eine Dreiviertelstunde backen. Auf Tellern anrichten und evtl. mit Staubzucker bestreuen.

HIRSE-OMELETTE

Zutaten für 2 Portionen:

- 40 g Hirse
- 75 ml Wasser
- 150 g Joghurt
- 2 EL Apfelmus
- ¼ kg reife Früchte der Saison z. B. Erdbeeren, Äpfel ...
- 2 Eier
- 1 EL Zucker
- 1 EL Rapsöl
- Evtl. etwas Staubzucker

Zubereitung:

Hirse in einem Sieb mit Wasser abspülen. Wasser aufkochen, Hirse dazugeben und bei schwacher Hitze gut 5 Minuten kochen. Vom Herd ziehen und zugedeckt eine Viertelstunde nachquellen lassen. Deckel entfernen und überkühlen lassen.

Joghurt mit Apfelmus verrühren. Früchte waschen, evtl. schälen und in kleine Stücke schneiden. Eier mit Zucker cremig aufschlagen und zur abgekühlten Hirse geben. Den Teig in zwei Pfannen mit wenig Öl und schwacher Hitze backen, bis er auf der Unterseite goldbraun ist. Omeletts wenden und fertig backen. Die Omeletts auf Tellern anrichten, mit Früchten und der Joghurt-Apfel-Creme garnieren und evtl. mit etwas Staubzucker bestreuen.

HAFERFLOCKENSCHMARRN MIT HEIDELBEEREN (BLAUBEEREN)

Zutaten für 2 Portionen:

- 2 Eier
- 2 EL Zucker
- 4 EL Feinblatt-Haferflocken
- 2 EL Mehl
- ⅛ l Milch
- 2 TL Rapsöl
- ¼ kg Heidelbeeren (Blaubeeren) (frisch gewaschen und abgetropft; alternativ aufgetaute Beeren)
- 1 TL Staubzucker

Zubereitung:

Eier trennen, Eiklar steif schlagen und mit 1 EL Zucker ausschlagen. Eidotter mit 1 EL Zucker sehr schaumig aufschlagen, Haferflocken, Mehl und Milch hinzugeben und ca. eine Viertelstunde quellen lassen.

Danach den Eischnee vorsichtig unter die Haferflockenmasse heben. Zwei Pfannen mit etwas Öl erhitzen, den Teig auf die Pfannen aufteilen und bei milder Hitze einige Minuten backen, bis die Unterseite goldbraun ist. Den Teig mit 2/3 der Heidelbeeren bestreuen. Danach den Teig wenden und auch die zweite Seite goldbraun fertig backen. Den Schmarrn in Stücke reißen, auf Tellern anrichten und mit Staubzucker und den restlichen Heidelbeeren garnieren.

DESSERT

HIRSECREME

Zutaten für 2 Portionen:

- 40 g Hirse
- 200 ml Milch
- 100 g Erdbeeren
- 1/8 l gerührtes Joghurt
- 1 EL Honig
- 1 Msp. gemahlener Zimt
- 1 Msp. abgeriebene Zitronenschale (unbehandelte Frucht)
- Minzblätter

Zubereitung:

Hirse in einem Sieb mit Wasser abspülen. Milch aufkochen, Hirse einrühren und einige Minuten kochen. Vom Herd ziehen und eine Viertelstunde zugedeckt nachquellen lassen, dann den Deckel entfernen und überkühlen lassen.

Erdbeeren waschen und schneiden. Überkühlte Hirse mit einer Gabel lockern, Joghurt, Honig, Zimt und Zitronenschale dazugeben und verrühren. Die Creme in Gläser füllen und vor dem Servieren mit Früchten und Minzblättern garnieren.

PUDDINGSCHNITTE

Zutaten für 1 Blech, 10 Stück:

Teig

- 140 g Mehl
- ½ TL Backpulver
- ½ TL Kakaopulver
- 5 Eier (Zimmertemperatur)
- 120 g Kristallzucker
- 125 g Rapsöl
- 2 EL zimmerwarmes Wasser

Fülle

- 1 Packung Vanille-Puddingpulver
- ½ l Milch
- 40 g Zucker

Zubereitung:

Backrohr auf 160° C (Heißluft) vorheizen. Mehl mit Backpulver und Kakao sieben. Eier trennen, Eiklar steif schlagen und mit 1 TL Zucker ausschlagen. Dotter mit restlichem Zucker sehr schaumig aufschlagen, Öl und Wasser langsam in einem dünnen Strahl vom Rand einfließen lassen und ständig weiterschlagen. Abwechselnd Eischnee und Mehlmischung unter die Dottermasse heben. Die Teigmasse auf ein mit Backpapier ausgelegtes Backblech streichen und ca. 15 Minuten im vorgeheizten Rohr backen.

Pudding nach Packungsanleitung zubereiten. Den fertigen Kuchen quer in Hälften teilen, eine Hälfte mit der etwas überkühlten Puddingmasse übergießen, die zweite Kuchenhälfte drauflegen und auskühlen lassen. Am besten funktioniert das mit einem flexiblen Teigrahmen, dann läuft die Puddingmasse nicht auf das Blech. Abgekühlt in Stücke schneiden und bei Bedarf mit etwas Staubzucker bestreuen.

APFEL-TOPFEN(QUARK)-CREME

Zutaten für 2 Portionen:

- 2 Äpfel
- 1 Spritzer Zitronensaft
- 1/8 kg Magertopfen (Magerquark)
- 1/8 l Buttermilch
- 1 EL Honig
- 1 Msp. gemahlener Zimt

Zubereitung:
Äpfel waschen, entkernen, schälen, fein raspeln und mit Zitronensaft mischen. Topfen mit Buttermilch, Honig und Zimt glattrühren. Die Apfelraspeln unterheben und die Creme in Gläser füllen.

TIPPS:
- Verwenden Sie nur gut ausgereifte Äpfel!
- Anstelle von frischen Äpfeln sind auch Kompottäpfel geeignet.

TOPFENKUCHEN (QUARKKUCHEN) MIT MOHN

Zutaten für 1 Springform, 12 Stück:

- Saft und Schale einer halben Zitrone (unbehandelte Frucht)
- Rapsöl für die Form
- 1 EL Semmelbrösel
- 2 Eier
- 80 g Zucker
- 1 Prise Vanillezucker
- ½ kg Magertopfen (Magerquark)
- 60 g Stärkemehl
- ½ TL Backpulver
- 2 EL gemahlener Mohn
- 1 EL Staubzucker

Zubereitung:
Backrohr auf 160° C (Heißluft) vorheizen. Zitrone waschen, etwas Zitronenschale abreiben, halbieren und Saft auspressen. Springform mit Öl auspinseln und mit Semmelbröseln ausstreuen.

Eier trennen, Eiklar zu Schnee schlagen und mit 1 TL Zucker ausschlagen. Dotter mit Zucker, Vanillezucker und 2 EL Wasser cremig aufschlagen, dann den Topfen dazurühren. Stärkemehl, Backpulver, Mohn, Zitronenschale und -saft einrühren.

Den Eischnee vorsichtig unterheben, in die Springform füllen und ca. 50 Minuten backen, bis die Oberfläche des Kuchens goldbraun ist und sich der Teig von der Springform löst. Den Kuchen aus dem Rohr nehmen, etwas überkühlen lassen und vorsichtig aus der Form lösen. Vollständig erkalten lassen und mit Staubzucker bestreuen.

BISKUITROULADE

Zutaten für 1 Blech, 12 Stück:

- 6 Eier
- 1 TL Kristallzucker
- 180 g gesiebter Staubzucker
- 180 g gesiebtes Mehl
- 4 EL Marillenmarmelade (Aprikosenmarmelade)

Zubereitung:
Backrohr auf 170° C (Heißluft) vorheizen. Eier trennen, Eiklar zu Schnee schlagen und mit 1 TL Kristallzucker ausschlagen. Dotter mit Staubzucker sehr schaumig aufschlagen. Abwechselnd Mehl und Eischnee unter die Dottermasse heben. Auf einem mit Backpapier ausgelegten Backblech gleichmäßig verteilen und ca. 12–15 Minuten backen, bis die Teigoberfläche goldgelb ist. Danach den fertigen Biskuitteig auf ein mit etwas Zucker bestreutes Geschirrtuch stürzen, das Backpapier abziehen, mit Marillenmarmelade bestreichen und noch heiß von der Längsseite her einrollen. Auskühlen lassen und mit Staubzucker bestreuen.

TIPP: Schneiden Sie die ausgekühlte Biskuitroulade und frieren Sie die Stücke portionsweise ein – so haben Sie jederzeit eine Zwischenmahlzeit.

TOPFENCREME (QUARKCREME) MIT FRÜCHTEN

Zutaten für 2 Portionen:

- 1/8 kg Magertopfen (Magerquark)
- 1 EL Honig
- Etwas Vanillezucker
- 4 EL Joghurt oder Sauerrahm (saure Sahne)
- 200 g frisches Obst (saisonal, z. B. Erdbeeren, Heidelbeeren/Blaubeeren)
- Evtl. Minzblätter zum Garnieren

Zubereitung:
Topfen mit Honig, Vanillezucker und Joghurt glattrühren. Obst waschen, evtl. in kleine Stücke schneiden und zur Hälfte unter die Topfenmasse heben. Das restliche Obst auf zwei Gläser aufteilen, die Topfenmasse darauf geben und mit Obst oder Minzblättern garnieren.

TIPPS:
- Verwenden Sie nur gut ausgereifte Früchte!
- Anstelle von frischem Obst ist auch Mus oder Kompottobst geeignet.

HOLLERBLÜTENSOUFFLÉ

Zutaten für 2 Portionen:

- Rapsöl für die Form
- 2 EL Kristallzucker
- 2 Eier
- ¼ kg Magertopfen (Magerquark)
- 20 g Vanillepuddingpulver
- ⅛ l Sauerrahm (saure Sahne)
- 1–2 EL Hollerblüten (gewaschen, auf Küchenkrepp getrocknet und geschnitten)

Zubereitung:
Backrohr auf 160° C (Heißluft) vorheizen. Kleine ofenfeste Tassen oder Auflaufförmchen mit Öl auspinseln und mit Kristallzucker einstreuen (alternativ Muffinform verwenden). Eier trennen, Eiklar zu Schnee schlagen und mit 1 TL Zucker ausschlagen. Dotter, Topfen, Puddingpulver, Sauerrahm, restlichen Zucker und Hollerblüten verrühren und den Eischnee vorsichtig unterheben. Die Auflaufformen zu ¾ befüllen. Die Förmchen in ein tiefes Backblech stellen, das fingerhoch mit Wasser gefüllt ist. Im Rohr ca. 20–25 Minuten backen.

Die Soufflés nach dem Backen vorsichtig mit einem spitzen Messer vom Rand lösen und auf Teller stürzen. Mit Staubzucker bestreuen.

ZUCCHINIKUCHEN

Zutaten für 1 Blech, 12 Stück:

- ¼ kg Zucchini
- 4 Eier (Zimmertemperatur)
- 1 TL Kristallzucker
- 1 Msp. abgeriebene Orangenschale (unbehandelte Frucht)
- 120 g Staubzucker
- 100 ml Rapsöl
- ¼ kg Mehl
- ½ TL Backpulver

Zubereitung:
Backrohr auf 160° C (Heißluft) vorheizen. Zucchini waschen und fein raspeln. Eier trennen, Eiklar steif schlagen und mit 1 TL Zucker ausschlagen. Dotter mit Orangenschale und Staubzucker sehr cremig aufschlagen, das Öl seitlich in dünnem Strahl einlaufen lassen, dabei weiter schlagen. Mehl mit Backpulver versieben.

Mehl und geraspelte Zucchini vorsichtig in die Dottermasse geben und anschließend den Schnee unterheben. Die Masse auf ein mit Backpapier ausgelegtes Blech geben und ca. 20–25 Minuten backen. Ausgekühlt in Stücke schneiden und mit Staubzucker bestreuen.

TIPP: Das Rezept schmeckt auch mit Karotten sehr gut!

VANILLE-GRIESSKOCH MIT GEDÜNSTETEN ÄPFELN

Zutaten für 2 Portionen:

- 3 Äpfel
- ½ kleine Zimtstange
- 1 EL Zucker
- 400 ml Milch
- Salz
- 1 EL Zucker
- Etwas Vanillezucker oder 1 Msp. Vanillemark
- 60 g Weizen-Vollkorngrieß
- Zitronenmelisse

Zubereitung:
Äpfel schälen, entkernen und in Spalten schneiden. In einem Topf bodenbedeckt Wasser mit Zimtstange und Zucker aufkochen und die Apfelspalten darin weich dünsten. Milch mit einer Prise Salz, 1 El Zucker und Vanillezucker oder Vanillemark aufkochen, Grieß einrieseln lassen und erneut aufkochen, bis die Masse deutlich eindickt. Vom Herd ziehen und mindestens 5 Minuten nachquellen lassen. Grieß lauwarm in Schüsseln anrichten und mit den Apfelspalten und der Melisse garnieren.

HEIDELBEERTALER (BLAUBEERTALER)

Zutaten für 2 Portionen:

- ⅛ l Milch
- 50 g griffiges Weizenmehl
- 50 g griffiges Roggenmehl
- Salz
- ¼ kg Heidelbeeren (Blaubeeren)
- 1 EL Rapsöl
- Staubzucker zum Bestreuen

Zubereitung:
Milch erhitzen. In einer Schüssel beide Mehle, eine Prise Salz und Heidelbeeren mischen und die erhitzte Milch hinzufügen. Zu einer zähen Masse verrühren. Eine Pfanne mit Öl erhitzen, die Masse esslöffelweise in die Pfanne setzen, zu Talern formen und von beidseits bei milder Hitze backen. Auf Tellern anrichten und mit Staubzucker bestreuen.

MUFFINS

Zutaten für 10 Stück:

- 50 ml Rapsöl
- 100 g Mehl
- 1 Apfel
- 2 Eier (Zimmertemperatur)
- 90 g Zucker
- 1/8 l gerührtes Joghurt
- 1 EL Feinblatt-Haferflocken
- 1 Msp. gemahlener Zimt
- 1/2 TL Backpulver
- Evtl. Staubzucker zum Bestreuen

Zubereitung:

Backrohr auf 170° C (Heißluft) vorheizen. Muffinform mit etwas Öl einpinseln und mit Mehl ausstreuen. Apfel schälen, entkernen und grob raspeln.

Eier mit Öl und Zucker sehr schaumig aufschlagen. Joghurt und Apfelraspeln zur Eimasse geben und gut verrühren. Mehl, Haferflocken, Zimt und Backpulver mischen und vorsichtig unter den Teig heben. Die Masse in die vorbereitete Muffinform füllen und 20–30 Minuten backen. Anschließend auskühlen lassen und evtl. mit Staubzucker bestreuen.

KLEINES KÜCHENLEXIKON

In den deutschsprachigen Ländern Österreich, Deutschland, Schweiz und Südtirol unterscheiden sich die Bezeichnungen von Lebensmitteln. Das hat kulturelle Hintergründe, die sich oft aus der Sprache ergeben. Das kleine Küchenlexikon erwähnt und übersetzt Begriffe, die im Text bzw. in den Rezepten vorkommen.

Erdäpfel	Kartoffeln
Germ	Hefe
Karfiol	Blumenkohl
Knödel	Klöße
Kohlsprossen	Sprossenkohl, Rosenkohl
Marillen	Aprikosen
Melanzani	Auberginen
Obers	Sahne
Palatschinken	Pfannkuchen
Paradeiser	Tomaten
Pofesen	In Fett schwimmend frittierte Weißbrotscheiben, meist mit Marmelade gefüllt
Polenta	Maisgrieß
Porree	Lauch
Sauerrahm	Saure Sahne, Schmand
Topfen	Quark
Vogerlsalat	Feldsalat

ABKÜRZUNGSVERZEICHNIS

BMI	Body Mass Index
bzw.	beziehungsweise
EL	Esslöffel
g	Gramm
Kcal	Kilokalorien
kg	Kilogramm
Msp.	Messerspitze
Pkg.	Packung, Päckchen
TL	Teelöffel
z. B.	zum Beispiel
°C	Grad Celsius

KÜCHENMAßE

In der folgenden Tabelle finden Sie gängige Lebensmittel mit einer Mengenangabe in Gramm und das entsprechende Haushaltsmaß dazu. So müssen nicht immer alle Zutaten in den Rezepten abgewogen werden. Dennoch ist es sinnvoll, anfangs zu überprüfen, ob auch Ihre Esslöffel oder Teelöffel zu Hause zumindest annähernd die gleiche Menge fassen wie in der Tabelle angegeben!

Mengenangabe	Lebensmittel	Haushaltsmaß
125 g	Beeren	1 Handvoll
15 g	Heidelbeeren (Blaubeeren)	1 EL
90 g	Orangensaft	Saft von einer Orange
5 g	Zitronensaft	1 TL
15,5 g	Zitronensaft	1 EL
5 g	Zitronenschale	1 TL
7 g	Haselnüsse	1 EL
2 g	Nüsse, gemahlen	1 TL
5 g	Nüsse, gemahlen	1 EL
4 g	Leinsamen	1 TL
20 g	Sonnenblumenkerne	1 EL
10 g	Mohn	1 EL
7 g	Walnüsse	1 EL
10 g	Kürbiskerne	1 EL
7 g	Rosinen	1 TL
20 g	Rosinen	1 EL
10 g	Honig	1 TL
20 g	Honig	1 EL
15 g	Kristallzucker, Staubzucker	1 EL
5 g	Kristallzucker, Staubzucker	1 TL
2 g	Kakao	1 TL

15 g	Müsli	1 EL
8 g	Semmelbrösel	1 EL
10 g	Haferflocken	1 EL
15 g	Stärkemehl	1 EL
10 g	Mehl	1 EL
8 g	Vanillezucker	1 Päckchen
5 g	Zimt, gemahlen	1 TL
4 g	Butter	1 TL
15 g	Butter	1 EL
20 g	Topfen (Quark), Frischkäse	1 EL
17 g	Joghurt	1 EL
15 g	Milch	1 EL
13 g	Sauerrahm (saure Sahne)	1 EL
5 g	Schlagobers (Sahne)	1 TL
8 g	Hartkäse (Parmesan, Emmentaler)	1 EL
15 g	Essig	1 EL
4 g	Essig	1 TL
5 g	Kümmel	1 TL
4 g	Koriander	1 EL
1 g	Majoran	1 TL
3 g	Öl	1 TL
10 g	Öl	1 EL
3 g	Petersilie	1 EL
2 g	Rosmarin	1 TL
5,2 g	Salz	1 TL
6 g	Schnittlauch	1 EL
5 g	Senf	1 TL
12 g	Sprossen	1 EL
5 g	Tomatenmark	1 TL
18 g	Tomatenmark	1 gehäufter EL
15 g	Wasser	1 EL

Quelle: Bundeszentrum für Ernährung, 2009

REZEPTVERZEICHNIS

Frühstück

Zwischenmahlzeiten und Snacks

Suppen

Eintöpfe und Bowls

Vegetarische Gerichte

Vegane Gerichte

Fischgerichte

Fleischgerichte

Süße Hauptspeisen

Dessert

REZEPTVERZEICHNIS ALPHABETISCH

HILFREICHE ADRESSEN UND LINKS

Verband der Diätologen Österreichs
Grüngasse 9
1050 Wien
www.diaetologen.at

Anlaufstelle für Personen, die an einer individuellen diätologischen Beratung bzw. Betreuung interessiert sind. In der „Diätologensuche" auf der Website finden Sie diätologische Anlaufstellen im niedergelassenen Bereich mit Spezialisierung auf Gastroenterologie bzw. Gewichtsreduktion.

ÖGE – Österreichische Gesellschaft für Ernährung
Spargelfeldstraße 191
1220 Wien
www.oege.at

DGE – Deutsche Gesellschaft für Ernährung
Godesberger Allee 136
53175 Bonn
www.dge.de

Wissenschaftliche Fachgesellschaft zum Thema Ernährung mit vielen praktischen Informationen. Auf der Website finden Sie unter dem Menüpunkt „Ernährungspraxis" viel unterstützendes Material wie Rezeptvorschläge, Speisepläne, den Ernährungskreis und die Ernährungspyramide zum Download.

Fonds Gesundes Österreich
Aspernbrückengasse 2/4
1020 Wien
https://fgoe.org/Broschuere_Thema_Ernaehrung

Österreichische Förderstelle für Gesundheitsförderung und Teil des nationalen Forschungs- und Planungsinstituts im Gesundheitswesen. Eine kostenfreie Broschüre zum Thema Gesunde Ernährung in Anlehnung an die Empfehlungen der Österreichischen Ernährungspyramide ist auf der Website zum Download verfügbar.

AGES – Österreichische Agentur für Gesundheit und Ernährungssicherheit GmbH
Spargelfeldstraße 191
1220 Wien
www.ages.at

Informationen vor allem mit dem Fokus Lebensmittelsicherheit, aber auch Informationen zu gesunder Ernährung, Lebensmittelqualität allgemein und Umgang mit Lebensmitteln.

Forum Ernährung – Verein zur Förderung von Ernährungsinformation
Schwarzenbergplatz 6
1037 Wien
www.forum-ernaehrung.at

Informationsplattform für Einrichtungen, beratende Berufe, Medien, Unternehmen, aber auch generell Interessierte zum Thema gesunde Ernährung und gesunder Lebensstil mit zahlreichen Artikeln und Blog-Einträgen zum Thema.

Bundesministerium für Soziales, Gesundheit, Pflege und Konsumentenschutz
Stubenring 1
1010 Wien
https://www.sozialministerium.at/Themen/Gesundheit/Lebensmittel-Ernaehrung.html

Informationen unter anderem zu gesunder Ernährung, Gratis-Download Ernährungspyramide, Lebensmittelrecht, Nahrungsergänzungsmitteln.

LITERATURVERZEICHNIS

Altomare DF et al (2019): Diet After Cholecystectomy. Curr Med Chem. 26 (19), 3662–3665 (Abstract only).

Blum HE, Müller-Wieland D (2018): Klinische Pathophysiologie. 10. Auflage, Thieme.

Deutsche Gesellschaft für Ernährung (DGE) (2017): Vollwertig essen und trinken nach den 10 Regeln der DGE. 10. Auflage, Bonn.

Di Ciaula A, Portincasa P (2018): Recent advances in understanding and managing cholesterol gallstones [version 1; referees: 2 approved] F1000Research, 7(F1000 Faculty Rev), 1529.

Di Caula A et al (2019): The Role of Diet in the Pathogenesis of Cholesterol Gallstones. Curr Med Chem. 26 (19), 3620–3638.

Durrer Schutz D et al (2019): European Practical and Patient Centred Guidelines for Adult Obesity Management in Primary Care. Obes Facts 12, 40–66.

EASL (European Association for the Study of the Liver) (2016): Clinical Practice Guidelines on the prevention, diagnosis and treatment of gallstones. Journal of Hepatology 65, 146–181.

Fachgesellschaft für Ernährungstherapie und Prävention (FETeV). Gallensteine – Krankheitsbild und Ernährungstherapie, https://fet-ev.eu/gallensteine-ernaehrungstherapie/ (20.3.2023).

Gutt C et al (2018): Aktualisierte S3-Leitlinie der Deutschen Gesellschaft für Gastroenterologie Verdauungs- und Stoffwechselkrankheiten (DGVS) und der Deutschen Gesellschaft für Allgemein- und Viszeralchirurgie (DGAV) zur Prävention, Diagnostik und Behandlung von Gallensteinen. Z Gastroenterol 56, 912–966.

Gutt C et al (2020): The Treatment of Gallstone Disease. Dtsch Arztebl Int 117, 148–158.

Kasper H (2014): Ernährungsmedizin und Diätetik. 12. Auflage, Urban und Fischer.

Manns MP, Schneidewind S (2016): Praxis der Hepatologie. Springer.

Martinez Garcia RM et al (2019): Nutritional intervention in the control of gallstones and renal lithiasis. Nutr Hosp 36 (3), 70–74 (Abstract only).

Hauner H et al (2019): Leitfaden Ernährungstherapie in Klinik und Praxis (LEKuP). Aktuel Ernahrungsmed 44, 384–419.

Pak M (2016): Risk Factors for Cholelithiasis. Gastroenterol Nurs 39 (4), 297–309.

Pape HC et al (2019): Physiologie. 9. Auflage, Thieme.

Römer-Lüthi C, Theobald S (2015): Ernährungstherapie – Ein evidenzbasiertes Kompaktlehrbuch. 1. Auflage, Uni-Taschenbücher Verlag.

Rust P et al (2017): Österreichischer Ernährungsbericht 2017. Wien.

Speckmann J et al (2019): Physiologie – Das Lehrbuch. 7. Auflage, Urban und Fischer.

Wang et al (2022): The role of diet and nutrition related indicators in biliary diseases: an umbrella review of systematic review and meta-analysis. Nutrition & Metabolism 19, 51.

Zhang JW et al (2019): Fruits and vegetables consumption and the risk of gallstone diasease – A systematic review and meta-analysis. Medicine 98, 28 (e16404).